# L'enquête hongroise

(puis polonaise, italienne
et autrichienne)

DU MÊME AUTEUR
AUX ÉDITIONS J'AI LU

*Dans l'ivresse de l'Histoire*, n° 12277

# BERNARD GUETTA

## L'enquête hongroise

(puis polonaise, italienne
et autrichienne)

---

DOCUMENT

J'AI LU

*À ma redchef préférée.*

« *Ils ne mouraient pas tous, mais tous étaient frappés.* »

Jean de LA FONTAINE,
*Les Animaux malades de la peste*

# Prologue

Par où commencer ?... L'Algérie ? Elle me tentait beaucoup. La Grande-Bretagne ? Attendre et voir. Peut-être l'Iran ?... En tout cas, y aller avant les États-Unis mais là, maintenant ? Oui... C'est ça, oui, ça s'impose : l'Europe d'extrême droite, de Vienne à Rome en passant par Budapest et Varsovie.

J'ai hésité sur la première étape mais pas sur la nécessité d'entreprendre ce tour du monde en dix livres. Je devais retourner sur le terrain, entendre, voir, tenter de comprendre pourquoi le monde entier, partout, changeait de base et cette exigence s'était progressivement imposée à moi depuis que la Grande-Bretagne avait décidé de quitter l'Union européenne.

Le Brexit ne m'avait pas surpris. Je le craignais. Je m'y attendais, mais je n'avais pas vécu la montée de ce sentiment antieuropéen parmi les Britanniques. Autant je l'avais vu se développer, de loin, autant je n'en comprenais pas assez intimement les ressorts pour en avoir une vraie lecture. Il fallait fouiller, et que dire de la victoire de Donald Trump ?

Je m'étais vite convaincu qu'il remporterait les primaires. Il était clair que la droite américaine s'était tellement radicalisée qu'il était le plus à même de la séduire mais la présidentielle, ça non ! Je ne doutais pas une seconde que la droite modérée, le centre et la gauche feraient barrage à l'invraisemblable obscénité de ce personnage et il m'avait fallu arriver à New York, laisser traîner mes oreilles, écouter la radio, regarder la télévision, pour réaliser que, non, ce n'était pas joué pour Hillary Clinton.

Trois jours avant le vote, la possibilité de l'impossible m'était finalement apparue tellement plausible que j'avais préparé la trame de trois papiers : la victoire de Trump, sa défaite ou *too close to call*, trop serré pour le dire à l'heure de la matinale d'Inter, à Paris. Je n'avais pas été surpris par le résultat mais éberlué, je l'étais en revanche, totalement effaré de voir les États-Unis confier leur sort à un tel homme et la première puissance mondiale, le pays dont dépendaient la stabilité internationale et la sécurité des démocraties occidentales, tomber entre les mains d'un mégalomane inculte et égotique qui avait déjà trouvé le temps, dès sa campagne, de mettre en question la pérennité de l'Alliance atlantique.

Tout changeait, absolument tout et, avant même que la Floride n'ait assuré la victoire de Trump, il y avait eu celle des conservateurs nationalistes en Pologne, celle de Modi en Inde et de Duterte aux Philippines, deux autres nationalistes conservateurs, l'intervention triomphale de Vladimir Poutine en Syrie, un quatrième conservateur nationaliste, et Recep Erdogan, cinquième du genre, avait fait rebasculer la Turquie dans la dictature. Ce n'était plus une tendance mais une lame de fond et, Trump couronné, Viktor Orbán s'était fait réélire en Hongrie tandis que les droites de la droite s'adjugeaient l'Autriche et l'Italie et que Xi Jinping, conservateur et nationaliste, amendait la Constitution pour restaurer, à son profit, la présidence à vie.

Sur fond de recul général des grands partis de la gauche sociale-démocrate et de la droite modérée, s'affirmaient partout de nouvelles extrêmes droites, non pas nazies mais autoritaires au moins et remettant en question les exigences de concertation internationale et de libre-échange, de respect des droits de l'homme, d'unification de l'Europe, d'égalité en droits des minorités et des plus faibles, de mise hors la loi du racisme, des annexions territoriales et de la xénophobie – tout ce dont un consensus international avait fait, après-guerre, un idéal vers lequel tendre.

En une poignée d'années, comme des poutres rongées par d'invisibles termites, tout cela tombait en poussière et l'on en revenait partout, des États-Unis à la Chine, de Russie jusqu'au sein même de ce bastion des libertés qu'est l'Union européenne, à la politique des faits accomplis, du droit du plus fort, du rejet de l'autre et du chacun pour soi, derrière des frontières bardées de murs et de grillages.

Brexit et Trump, l'année 2016 avait ainsi marqué un tournant autrement plus profond que 1989 puisque la chute du mur avait, elle, paru assurer le triomphe de la démocratie qui, d'un coup, s'était étendue à tant de nouveaux pays. La fin de la guerre froide avait semblé annoncer la prépondérance des principes dont se réclamaient ses vainqueurs mais un Donald Trump, celui-là même qui avait ordonné que l'on arrache leurs enfants aux immigrés sans papiers, avait désormais pris les commandes de ce qui avait été le navire amiral du monde libre.

Le siècle dans lequel on était entré commençait bien mal et je ne me sentais plus ni la possibilité ni le droit moral d'analyser ses évolutions à distance car je n'avais pas vécu leur genèse, contrairement à celle de l'agonie communiste. Je me souvenais trop de ma stupeur devant la cécité de ces éditorialistes new-yorkais ou parisiens qui enfilaient, à distance, des perles sur la Pologne de Solidarité ou l'URSS de Gorbatchev pour pouvoir, trente ans plus tard, faire la même chose qu'eux face à ce nouveau basculement du monde.

Si je ne voulais pas devenir aveugle et sourd, je devais reprendre la route. Si je ne voulais pas risquer de me couvrir de honte, je devais quitter le confort d'un studio où je n'avais que des amis et une écoute à nulle autre pareille. Il fallait quitter ce fauteuil rouge, redevenir reporter, peut-être connaître l'échec mais tant pis, on verrait.

J'avais été à deux doigts de sauter le pas dès juillet 2017 et là c'était fait. J'avais dit adieu à France Inter après vingt-sept années de chroniques et venais de choisir, six semaines après, d'aller d'abord en Europe centrale, dans ces quatre pays de l'Union européenne qui tournaient le dos à ses valeurs et risquaient, s'ils parvenaient à la briser, d'assurer de bien faciles mais fondamentales victoires à MM. Trump, Poutine et Xi. Et puis cette région, j'y avais été correspondant du *Monde* après l'avoir beaucoup sillonnée pour *L'Observateur*. Je la connaissais. J'y ai beaucoup d'amis. Je la savais totalement différente de celle que j'avais connue sous le communisme mais justement ! En plus de la nécessité d'aller voir, il y avait là une véritable envie, personnelle, intime, déterminante au bout du compte.

Va donc pour mes anciennes terres auxquelles la coalition des 5 Étoiles et de la Lega ajoutait l'Italie. J'ai battu le rappel de mes compagnons des années soixante-dix et quatre-vingt, décidé d'un parcours, d'abord Budapest puis Varsovie, Vienne et Rome. J'ai beaucoup lu, la presse sur le temps présent, l'Histoire sur les temps lointains et, pour le reste, pour ce que j'avais vécu, je me suis relu moi-même. J'étais aussi prêt qu'on peut l'être avant un reportage, avec beaucoup de pistes au moins sur les raisons du basculement de ces pays. Bonnes ou fausses, à vérifier bien sûr, elles formaient la base d'un questionnement, d'une approche de l'enquête, mais un point me restait obscur.

Était-ce par simple hasard, et sinon, comment l'expliquer, que les frontières de l'ensemble politique constitué par ces nouvelles droites européennes au pouvoir recoupent tant, presque parfaitement en fait, celles de l'Empire d'Autriche au milieu du XIXe siècle, celui qui ne s'appelait pas encore austro-hongrois ? Le hasard, je n'y croyais guère mais alors quoi, puisque le fait était là ? La question me taraudait et, à force d'examiner, rejeter ou retenir bien des hypothèses, j'en étais arrivé à une théorie, pure construction intellectuelle, qu'il s'agirait de confirmer ou infirmer sur place.

La voici.

Fin de la Première Guerre, le sort des armes défait l'Empire austro-hongrois, réduit l'Autriche à moins de deux Suisse et la Hongrie à moins du tiers de ses terres. Les coupables sont un Français et un Américain, Georges Clemenceau et Woodrow Wilson, un enfant des Lumières et un utopiste qui met fin à l'isolationnisme des États-Unis et invente la Société des Nations, le droit des peuples à disposer d'eux-mêmes et la concertation internationale, celle dont Donald Trump ne veut plus aujourd'hui.

Rayée de la carte depuis plus d'un siècle, la Pologne recouvre son indépendance mais en Hongrie comme en Autriche, c'est le deuil et ces deux pays chercheront à s'en relever en s'alliant à l'Allemagne nazie. Leur calcul n'était pas le bon et ça recommence ! L'Onu remplace la Société des nations. Sous l'influence, encore et toujours, des Américains et des Français, l'Occident vainqueur proclame la Déclaration universelle des droits de l'homme.

L'une et l'autre dans le camp des vaincus, l'Autriche est occupée par les Alliés jusqu'en 1955 tandis que la Hongrie est abandonnée à Staline et devient communiste. Jusqu'aujourd'hui, beaucoup de vieux Autrichiens disent « l'invasion » pour désigner ce que les Français appellent la Libération et beaucoup de Hongrois se souviennent que les États-Unis n'avaient pas bougé en 1956 après que leurs radios eurent chauffé à blanc les insurgés de Budapest.

« Le monde libre » et les États-Unis « remparts de la démocratie », oui, bien sûr. Si près de la Russie soviétique, Hongrois et Autrichiens ne pouvaient pas penser autrement qu'en ces termes mais lorsqu'il n'y eut plus d'URSS, l'Histoire a bien vite repris ses droits, avec ses souvenirs, ses rancœurs et ses mensonges. Pour beaucoup de Hongrois, les Occidentaux, c'est aussi le traité de Trianon, celui du dépeçage, leur abandon de 1945, la trahison de 1956 et la dureté d'une transition économique qu'ils attribuent moins à la faillite communiste qu'aux prescriptions américaines et, avant tout, européennes.

Contrairement à l'Allemagne, l'Autriche ne s'est, de son côté, jamais interrogée sur son passé nazi car elle s'est prétendue victime et non pas alliée d'Hitler. « L'Autriche, dit une méchante blague, est le pays qui a persuadé le monde qu'Hitler était allemand et Beethoven, autrichien. » Pays du triomphe de la social-démocratie après-guerre, l'Autriche respire la douceur de vivre, mais ce n'est pas pour rien que tant de ses écrivains l'exècrent jusqu'à une haine matricide et qu'un parti cofondé par d'anciens nazis, le FPÖ, le Parti libéral autrichien, un parti parvenu à trouver des mérites au nazisme, y a siégé, depuis 1983, dans plusieurs des coalitions gouvernementales.

Quant à la Pologne et à l'Italie, leur évolution surprend plus, mais à bien y regarder...

On a longtemps cru, moi le premier, que la Pologne était à gauche parce que ses ouvriers s'y étaient soulevés pour la démocratie et la liberté syndicale, que la dissidence y était à gauche et que les hommes dont Walesa avait fait ses conseillers et qui ont mis au monde la démocratie polonaise venaient tous de la gauche. Les faits sont là mais ils sont tellement insupportables à l'actuelle majorité qu'elle s'efforce de les effacer et la Pologne d'entre les deux guerres, celle du maréchal Pilsudski, celle de l'indépendance recouvrée, était nationaliste et conservatrice, comme l'est le PiS, aujourd'hui au pouvoir, le Parti Droit et Justice fondé par les frères Kaczyński.

Une grande partie de la Pologne n'a jamais rien eu de libéral et s'identifie à un catholicisme qui a uni et défini la nation durant des siècles d'épreuves mais qui est passé à côté de Vatican II qui, pour elle, sent toujours le soufre. Pour cette Pologne-là, pour une Pologne qui n'a pas oublié que les démocraties européennes l'avaient abandonnée lorsque Hitler et Staline se la partageaient, l'Europe occidentale est vue comme aussi décadente et inconsciente d'une nouvelle menace mahométane qu'elle l'est aux yeux de Viktor Orbán et de ses partisans. Quant à l'Italie...

Mussolini n'était pas précisément dans le camp des vainqueurs et le berceau de la Ligue est la Lombardie. C'est à partir d'une région qui avait appartenu à l'Empire d'Autriche jusqu'en 1859, à partir d'une terre d'ordre et d'entreprises familiales qui a si longtemps considéré que la civilisation s'arrêtait au sud de Milan, que Matteo Salvini a fait d'un des six pays fondateurs de l'unité européenne celui qui, désormais, menace le plus la pérennité de l'Union.

La Hongrie, la Pologne, l'Autriche et l'Italie peuvent se trouver des raisons de communier dans un anti-occidentalisme dont les racines plongent dans l'Histoire longue. Voilà où j'en étais le 16 août 2018 en prenant le vol d'easyJet pour Budapest et maintenant, j'écoute, observe, note et me tais, quoi que j'entende, voie et pense.

# L'enquête hongroise

« Mais c'est parfaitement clair ! » m'avait-il répondu avec un brin d'agacement, d'étonnement au moins. Je venais de lui demander comment s'expliquaient les succès de Viktor Orbán, de son héros reconduit trois fois de suite à la tête du gouvernement depuis 2010, et Lánczi Tamás (en hongrois, le nom précède le prénom) s'était donc lancé dans une fresque de la Hongrie depuis la chute du mur.

« Lorsque la faillite communiste a été consommée, dit-il, les gens pensaient que tout deviendrait formidable mais l'idéologie du monde libre a accouché d'un désastre. » Jeune quarantaine et politologue de formation, Lánczi Tamás est rédacteur en chef de *Figyelő*, organe hebdomadaire de l'orbanisme, et le voilà lancé dans une heure de diatribe contre les libéraux et le libéralisme, ces pelés, ces galeux, ces gibiers de potence, responsables de « la privatisation forcée de toute l'économie, secteurs stratégiques compris », du « million et demi de chômeurs » qui s'était ensuivi ou de la « quasi-disparition » de l'industrie agro-alimentaire, domaine d'excellence de la Hongrie socialiste.

« Le gaz a été privatisé en trois jours, poursuit-il, et au profit de qui ? De la France et de l'Allemagne ! Au profit d'autres sociétés publiques mais qui, elles, étaient étrangères ! Les Hongrois ont alors identifié les privatisations à la pauvreté et à la perte de notre dignité nationale. Ils ont pensé qu'on les avait volés, que les traîtres étaient les libéraux et ce sont les libéraux qui sont le plus blâmés pour la manière dont la transition s'est faite. »

Il me propose un café. Américain ? Italien ? Je l'ai demandé long, mais pas américain : français. Il a souri mais, dans les vrombissements de la machine à capsules, je pensais que ces « libéraux », mangeurs d'hommes et ennemis du peuple, je les avais à peu près tous connus au milieu des années soixante-dix, lorsqu'ils étaient dissidents, insolents et courageux, bien plus jeunes encore que Lánczi Tamás ne l'est aujourd'hui, et de gauche, anticommunistes et de gauche, tout aussi enfants des années soixante que je l'étais. L'avant-veille, l'un d'entre eux, Magyar Bálint, devenu l'un des plus virulents pourfendeurs d'Orbán après avoir été ministre libéral de l'Éducation, m'avait dit : « Nous avions commencé par dénoncer l'écart entre l'idéal communiste et la réalité. Nous avions ensuite réalisé que la réalité plongeait ses racines dans l'idéal et nous étions enfin devenus libéraux », au sens anglo-saxon, le vrai, voulait-il dire, aussi libéraux en politique qu'en économie.

Le café est parfaitement français et le stagiaire qui l'apporte aussi bien peigné que son patron. La moquette assourdit les pas. Les meubles sont de facture scandinave. Tout n'est qu'harmonie dans ce journal bien trop en ordre pour une rédaction. Personne ne semble, ici, avoir perdu quoi que ce soit à la transition vers le capitalisme mais mon hôte enchaîne sur un éloge du communisme, un éloge en creux, probablement inconscient mais un éloge, en un mot, de la quiétude communiste qui aurait précédé l'enfer libéral.

C'est aussi étrange qu'au début de notre entretien, lorsqu'il parlait de « l'idéologie du monde libre » comme un patron de la presse communiste l'aurait fait quarante ans plus tôt. C'est d'autant plus décoiffant que l'orbanisme se veut la vraie rupture avec le communisme, avec ses réseaux, sa culture et le mal qu'il incarnait. Je suis face au patron d'un hebdo conservateur dont la couverture, cette semaine-là, dénonce les « *gender studies* », paraît-il promues par les libéraux avec autant de perversité qu'ils en mettraient à vouloir faire de la Hongrie une société multiculturelle en ouvrant ses frontières à l'immigration, et c'est cet homme qui me dit...

« Après quarante ans de communisme, me dit-il, quatre décennies dont tout le monde connaissait les règles, où les choses étaient claires et durant lesquelles les gens pouvaient se dire qu'ils étaient pauvres mais bénéficiaient d'une stabilité, eh bien soudain tout était nouveau, perturbant, inquiétant. Il y avait la drogue, le crime, l'extrême pauvreté, le chômage. Les gens aspiraient à un retour à la stabilité et les libéraux leur disaient que c'était à eux de trouver leur voie et qu'ils ne pouvaient pas tout attendre de l'État. »

Je l'interromps. Je n'aurais pas dû puisque je ne suis pas là pour discuter ce qu'on me dit mais pour entendre et voir, tenter de comprendre les raisons de l'autre et explorer ce nouveau monde qui devient peut-être le monde. C'était la réalité, lui ai-je demandé, ou ce que ressentaient les plus fragiles, à cause du chômage ? Lánczi Tamás, indigné que je puisse même me poser la question : « Mais non, c'était la réalité ! Il y avait 30 % d'inflation dans les années quatre-vingt-dix et la seule réponse des libéraux était : « Débrouillez-vous » ! Ils étaient arrogants, corrompus et, au nom de l'économie de marché, ils ont privatisé les entreprises hongroises à 30 % de leur valeur. À cause d'eux, la Hongrie a perdu les deux tiers de sa richesse ! »

J'aurais pu lui objecter que dès lors qu'il n'y avait plus de Comecon, le marché commun du bloc soviétique, les entreprises hongroises avaient réellement perdu beaucoup de leur valeur et que le crime et la drogue existaient avant l'enfer libéral mais, là, j'ai su me taire et Lánczi Tamás en est déjà à l'autre grand péché des libéraux, à ce « relativisme moral » qu'ils voudraient importer d'Occident car il serait aussi le leur.

Après la chute du mur, m'explique-t-il, la Hongrie avait le choix entre trois modèles – le scandinave, l'anglo-saxon et l'allemand, « à la Kohl ». Or ce n'est ni la démocratie chrétienne allemande ni la social-démocratie scandinave que les libéraux avaient imposées mais le libéralisme anglo-saxon alors même que « la société était restée très conservatrice sous le communisme et l'est toujours ». Entre les libéraux et le premier Premier ministre du post-communisme, Joszef Antall, un conservateur prudent et modéré, il y eut, raconte-t-il, de grands désaccords sur la place à donner au christianisme et sur les nouveaux symboles de l'État hongrois, sur ce qu'il fallait y mettre des grands moments de l'Histoire passée.

J'ai cru comprendre, lui dis-je, qu'il y avait ceux qui voulaient s'intégrer au siècle présent et ceux qui voulaient renouer avec les siècles passés de l'Histoire nationale mais sa moue me dit que ce n'était pas cela. « Les libéraux, corrige-t-il, voulaient nous faire assimiler le modèle occidental mais les Hongrois voyaient bien qu'ils y perdraient leur souveraineté et beaucoup d'entre eux sentaient que les valeurs occidentales n'étaient plus celles d'avant. »

Là, on y était. Pour les partisans d'Orbán, l'Europe occidentale est entrée en décadence en tournant le dos à sa foi chrétienne, légalisant le mariage homosexuel et ouvrant ses frontières à l'immigration musulmane. Avec les mots de Lánczi Tamás, cela donne : « Nous pensons, nous, que notre société repose sur la famille, l'identité nationale et la culture chrétienne. Pour nous, les hommes et les femmes sont égaux, ce qu'ils ne sont pas dans l'islam, et nous voyons qu'à l'Ouest, chez vous, cette égalité est remise en question par la montée de la culture musulmane et le multiculturalisme qui s'ensuit. »

Vraiment ? Il pense vraiment qu'en Europe occidentale les femmes sont moins égales aux hommes qu'elles ne l'étaient lorsque la religion y était plus présente ? Une nouvelle moue me dit que c'est, en tout cas, la tendance, à cause de l'islam bien sûr, et il poursuit : « Notre Constitution définit le mariage comme l'union d'un homme et d'une femme et nous ne voulons rien y changer. » La voix s'était faite plus forte en fin de phrase. Syllabes détachées et martelées, c'était clair, net, définitif. On mesure mal, dans les pays occidentaux, à quel point le mariage gay a stupéfié et horrifié des pays comme la Hongrie où l'on n'est plus loin, et je caricature à peine, de soupçonner « Bruxelles » de vouloir marier tous les aînés hongrois à des réfugiés afghans.

La Hongrie d'Orbán défend sa natalité, les bonnes mœurs et son identité nationale contre les mahométans et les « lobbies gays de Bruxelles et de Strasbourg », du Parlement et de la Commission. Oui… Évidemment… Je notais fébrilement, mais… Mais tout de même ! n'ai-je pu m'empêcher de lui dire. Aucun des États membres ne veut vous imposer le mariage gay et quand bien même serait-ce le cas, aucun traité ne lui en donnerait le pouvoir, pas plus d'ailleurs qu'aux institutions européennes. « Eh bien si ! Il y a la Cour de justice européenne, m'a-t-il répondu, qui pourrait l'imposer, dans toute l'Union, au nom du "principe d'égalité". »

« Nous ne voulons pas vivre comme vous, a-t-il poursuivi ! Nous ne voulons pas laisser le droit à Bruxelles de légiférer à notre place ! » J'ai craqué. J'ai fait ce que je m'étais juré de ne pas faire. Peut-être, lui ai-je dit, mais avec ces diatribes contre l'Union, vous allez finir par la défaire. Votre Premier ministre appelle à la constitution d'une armée européenne mais ni lui ni vous ne voulez même entendre parler d'une politique étrangère commune sans laquelle il n'y aura pas de défense commune.

Lánczi Tamás avait sa réponse : « Mais quel est le lien entre le mariage gay et la politique étrangère commune ? Entre la politique étrangère commune, s'est-il repris, et le mariage gay, l'ouverture des frontières et l'immigration ? » Lapidaire, sa question disait que les politiques communes devaient être strictement limitées à l'essentiel et que l'union politique ne devait pas être une uniformisation. Lui objecter alors que personne ne propose de revenir sur la diversité des identités européennes, que c'est un phantasme, que ce serait au demeurant impossible et qu'une Europe fédérale serait au contraire riche de ses différences ?

C'eût été peine perdue. Ce n'était décidément pas gagné mais, sans rien montrer de mon accablement, j'ai fini de noter ses phrases et il m'a, lui, chaleureusement remercié de l'avoir écouté « au lieu de me traiter de fasciste xénophobe comme tant de vos confrères occidentaux ». Il en était si surpris et heureux qu'il a accepté de me recommander à son père, recteur de l'Université de Budapest, philosophe et autre grand défenseur de Viktor Orbán qui, d'ordinaire, ne reçoit pas la presse. M. Lánczi père, Andras, m'attendrait à l'heure du déjeuner, cinq jours plus tard, et j'avais maintenant rendez-vous avec un jeune Franco-Hongrois, installé à Budapest par admiration pour Viktor Orbán et animateur du *Visegrád Post*, site consacré à l'Europe centrale et carrefour des droites de la droite européenne.

Ce trentenaire m'a « déçu en bien », comme disent les Genevois.

Non seulement Almássy Ferenc n'avait rien du crâne rasé auquel je m'attendais, non seulement sa barbe fournie et l'abondance de sa chevelure évoquaient, au contraire, les portraits des grandes figures hongroises d'antan, mais l'homme était réfléchi, courtois et posé. Devenu lecteur de Nietzsche et de Bakounine en surfant sur le Net, cet autodidacte avait découvert l'injustice sur les chantiers des grandes entreprises françaises du bâtiment où il était monté en grade après ses études d'ingénieur. C'est l'exploitation des sans-papiers, raconte-t-il, la violation des règles de sécurité et le mépris de l'environnement qui l'avaient alors dégoûté du capitalisme et avaient fait de lui « un anar de droite, haïssant les élites, anti-libéral et aimant profondément l'héritage commun de notre patrimoine culturel qui nous confère, dit-il, un devoir de préservation et de transmission ».

A priori, il ne devrait pas raffoler d'un journaliste passé par *L'Observateur*, *Le Monde* et France Inter mais « c'est intéressant, juge-t-il, votre manière d'interroger et d'écouter ». Enfant de prolos, il a vingt-neuf ans et l'autorité d'un prof qui en impose. À nous deux, nous sommes deux mondes face à face, deux générations, deux cultures, deux camps politiques mais nullement prêts à nous mettre en joue car j'en apprends bien autant de lui qu'il en apprend de moi.

La première chose qu'il aime chez Orbán est qu'il ait « remis au cœur de nos sociétés leurs racines et leur culture chrétiennes car je préfère encore un bouddhiste ou un musulman croyant à un athée. L'athéisme, explique-t-il, est la porte ouverte à tous les totalitarismes et à leur volonté de changer l'homme par la force. Comme le fascisme et le communisme, le libéralisme est un enfant de la modernité, poursuit-il. C'est un enfant des Lumières ». Je me demande en silence de quoi le djihadisme est l'enfant si ce n'est d'une foi religieuse mais je note, sans rien dire, et me contente d'une question : en quoi était-ce mieux avant les Lumières ?

« L'âme, m'a-t-il répondu. La différence, c'est l'âme car nous vivons aujourd'hui dans une société matérialiste alors que l'important, l'essentiel, est ce qui contribue au salut de l'âme ». La suite est devenue un peu confuse. J'ai en tout cas si bien perdu pied qu'il valait mieux passer à autre chose. Et la deuxième raison pour laquelle vous appréciez Orbán, c'est… ? C'était que le Premier ministre défende « une idée de l'identité qui est antérieure au nationalisme, qui n'est pas fondée sur la haine de l'autre mais, au contraire, sur la coexistence avec d'autres nationalités, celles de l'Empire », de l'Empire austro-hongrois, bien sûr.

Penché sur mon carnet, je jubilais intérieurement car les deux questions que j'avais en tête étaient de savoir si c'étaient vraiment les Lumières qui étaient mises en question et si c'était seulement par hasard que la carte politique formée par les droites de la droite au pouvoir s'inscrivait dans les frontières de l'Empire. Eh bien non, ce n'était pas un hasard ! Eh bien oui, c'était une quête d'ancien régime, non pas le fascisme mais, pire ou moins effrayant, je ne sais pas, un retour des temps anciens, ceux qui avaient précédé l'*Encyclopédie*.

Vous avez une nostalgie de l'Empire ?

Il a ri. « En un sens, oui, mais c'est comme la Yougoslavie. C'était mieux avant, du temps de leur existence, mais c'est le passé et rien ne sert de courir après ce qui n'est plus ». « Finalement, disait-il, rien n'a été bien formidable depuis la fin de l'Empire alors qu'après le compromis de

67... Vous y êtes ? Le compromis de 1867... » Je l'ai rassuré, j'y étais. Je savais ce qu'était le compromis par lequel Autrichiens et Hongrois étaient alors parvenus à un arrangement, au détriment des autres nationalités de l'Empire. « Après 67, reprend-il, la Hongrie avait été incroyablement prospère, du jamais-vu depuis le roi Mathias, vous... Vous savez de qui je parle ? » Là non. À ma plus grande honte, j'ai dû avouer mon ignorance alors que Mathias Corvinus, humaniste et mécène, seconde moitié du XVe siècle, apogée de la Hongrie indépendante, a été le plus grand souverain de l'Histoire hongroise.

« Nous avions fini par profiter de l'Empire, reprend-il. Beaucoup de Centre-Européens considèrent que, s'il n'avait pas été détruit, ni le nazisme ni le communisme n'auraient connu leur essor et le fait est que j'ai entendu des gens de la Lega me dire ici, à Budapest, qu'ils se sentaient plus proches de la Hongrie que de la France ou du sud de l'Italie, qu'un ami de Cracovie me disait récemment qu'il était comme chez lui en Hongrie et que nous nous sommes trouvés il y a peu, en Transylvanie, à parler six langues autour d'une même table et que nous nous comprenions tous. »

Aujourd'hui roumaine, la Transylvanie avait été hongroise jusqu'à la défaite de la Hongrie dans la Première Guerre mondiale, de la Hongrie austro-hongroise. Les six langues, me suis-je dit, ce devaient être l'allemand, le roumain, le hongrois, le tchèque, le polonais et... l'italien, bien sûr, puisque la Lombardie et Milan, le berceau de la Lega, de la Ligue du Nord devenue celle de Matteo Salvini, avaient appartenu à l'Empire jusqu'en 1859 mais, autour de cette table, lui ai-je demandé, qu'aviez-vous de si commun ?

Si je résume sa réponse, c'était un anti-occidentalisme, celui-là même que je m'étais représenté en préparant cette enquête.

« Nous sommes des égaux et tous plus proches les uns des autres que de l'Europe occidentale, de cette supériorité occidentale, de cet Occident phare de l'humanité dont nous avons aussi marre que les Chinois ou les Africains », dit-il avant d'ajouter dans le souffle d'une péroraison : « Nous autres, Centre-Européens, nous aimons la stabilité et vous nous emmerdez sans cesse, à l'Ouest, avec votre universalisme qui chamboule tout pour imposer sa vérité. »

Un crochet du droit après l'autre, j'étais plutôt sonné mais encore tout plein de questions à lui poser alors que la Première conseillère de Viktor Orbán m'attendait au Parlement, entrée sud, deuxième étage. Comment faire ? J'ai proposé à Almássy Ferenc de nous retrouver ensuite, à 15 heures, et il a accepté, bien qu'il ait à finir un article sur « l'identité hongroise » pour une revue turque car la Hongrie d'Orbán apprécie beaucoup la Turquie d'Erdogan.

Zsuzsa, c'était autre chose.

Hegedűs Zsuzsa, je la connais depuis les années soixante-dix, lorsqu'elle était venue parfaire ses études de socio à Paris. Aussi brillante que belle, déjà très sûre d'elle-même, elle était rapidement devenue une figure de l'intelligentsia parisienne, non seulement liée à Touraine, son patron à l'École des hautes études en sciences sociales, mais également à Serge Moscovici et Edgar Morin. Elle avait été la première femme de l'un de mes amis proches, Kis János, tête pensante de la dissidence hongroise. Orbán ou pas, j'aime bien Zsuzsa (on prononce « Jouja ») mais là, après Lánczi et Almássy, j'ai attaqué : « Zsuzsa, dis-moi que tu es passée à droite, tu n'es pas la seule, mais cesse de me raconter que c'est parce que tu es de gauche que tu es le bras droit d'Orbán. »

Comme souvent avec elle, ce fut long, plein de digressions dont je n'avais rien à faire et d'allusions bien senties à plein de gens dont je ne savais même plus si je les connaissais. Au plus grand effroi de ses secrétaires, un ministre faisait antichambre et Zsuzsa m'a dit sa vérité.

Aux débuts de la transition, elle était proche des anciens dissidents devenus libéraux. C'était son milieu, ses amis, sa génération mais lorsqu'elle a réalisé, en sociologue, l'ampleur de la misère provoquée par la sortie de l'économie dirigée, notamment dans les campagnes, elle a commencé à plaider pour la mise en place de programmes sociaux. À quelques exceptions près, dit-elle, ni les libéraux ni l'ex-jeune garde communiste, des communistes réformateurs devenus socialistes, ne voulaient l'entendre. Elle a fini par s'éloigner d'eux, de ce qu'on appelle « la gauche » à Budapest, et c'est l'affaire de la diaspora qui l'a rapprochée d'Orbán.

En 1920, à la fin de la Première Guerre mondiale, le traité de Trianon n'avait pas enlevé que la Transylvanie à la Hongrie. En tout, il l'avait amputée d'un tiers de sa population en plus des deux tiers de son territoire. C'est une plaie mal cicatrisée et constamment fouaillée par Viktor Orbán qui avait fait adopter, dès 2010, une loi donnant la possibilité à ces Hongrois dispersés dans les pays limitrophes de demander un passe-port hongrois. À ses yeux, il y a la Hongrie d'une part et la « nation hongroise » de l'autre, dix millions de personnes à l'intérieur des frontières redessinées au Trianon mais quinze dans ce qui avait été la Hongrie d'avant 1920.

Cet homme s'acharne à réveiller le souvenir d'une grandeur perdue, du roi Mathias et de la prospérité d'après le compromis de 1867. Il joue avec le feu en alimentant un revanchisme mais il n'est pour autant pas l'Hitler des Sudètes. Pour l'heure en tout cas, il ne veut pas entrer en guerre pour récupérer des territoires perdus mais réaffirmer une nation fragmentée dont il cajole les enfants arrachés à la mère patrie. En Hongrie, et pas seulement pour ses partisans, cela fait de ce Premier ministre un père de la nation. Dans son « étranger proche », comme dit le Kremlin pour parler des territoires perdus de l'Empire russe, Viktor Orbán est extrêmement populaire car on ne peut pas être indifférent à l'homme qui se souvient de la cruauté de 1920 et vous réintègre à la famille hongroise. Le bénéfice politique qu'il allait en tirer était tellement assuré qu'il avait commencé à défendre cette idée en 2005, bien avant de revenir au pouvoir, et l'un des dirigeants socialistes avait alors parlé d'un danger « d'invasion roumaine » dans un propos perçu comme aussi méprisant pour la Roumanie que pour les Hongrois de Transylvanie.

« Tu te rends compte ?! me dit Zsuzsa. C'était du pur Le Pen ! » Elle en avait été si choquée qu'elle avait publiquement pris la défense d'Orbán. Ils s'étaient bientôt vus, reniflés. Orbán n'avait qu'intérêt à se rallier Zsuzsa. Il a « adopté mes pro-grammes sociaux », me dit-elle. « Ce n'étaient pas ses programmes mais des idées dans l'air », me diront des opposants, mais le fait est que l'école maternelle est maintenant obligatoire à partir de l'âge de trois ans, que c'est un facteur d'intégration de la minorité tsigane, que les enfants des milieux les plus pauvres ont désormais un déjeuner grâce aux cantines scolaires et que, parallèlement, l'ins-titution d'un « Travail d'intérêt général » a consi-dérablement réduit le chômage, les chiffres du chômage en tout cas.

Ce TIG est très discuté. Il suffit de voir des équipes de quatre, cinq ou six personnes tondre lentement une pelouse de rond-point pour le comprendre. Non seulement il s'agit rarement d'un vrai travail mais ce sont les maires qui sont en charge de son organisation et, très majori-taires, les maires du Fidesz, du parti d'Orbán, disposent ainsi d'armées de laissés-pour-compte qui, pas le choix, votent comme il faut. Le TIG participe de l'emprise générale du Premier ministre sur son pays et fausse la réalité du chô-mage exactement comme le faisait le suremploi des temps communistes mais mieux vaut, pour-tant, un faux travail que pas de travail du tout alors qu'il n'y a que trois mois d'indemnités de chômage. Des enfants qui n'avaient jamais vu leur père partir au boulot ne le voient plus rester à la maison pendant qu'eux partent à l'école et l'on ne peut pas dénoncer la désocialisation créée par le chômage et récuser en bloc un système qui offre aussi des possibilités de formation, beau-coup plus rarement que ne me le dit Zsuzsa mais tout de même.

Ce jour-là, Viktor Orbán revenait d'Italie où il était allé serrer Matteo Salvini sur son cœur et réfléchir avec lui à une stratégie commune pour les européennes. Mme Le Pen s'en était félicitée. Démocratie chrétienne allemande en tête, les grands partis de droite, ceux du Parti populaire européen auquel le Fidesz continue d'appartenir, avaient tordu le nez. Ce rendez-vous avait fait l'événement mais « toi, Zsuzsa, tu ne vas pas me dire que ce Salvini est ta tasse de thé ? »

Non, il ne l'était pas, mais « Orbán est un rempart contre l'extrême droite, la vraie, celle qui est en train de partout renaître », m'a-t-elle répondu en m'expliquant que son Premier ministre ne voulait pas sortir de l'Union, qu'aucun pays d'Europe centrale ne pourrait se le permettre et qu'Orbán, en fait, se méfiait de Salvini qu'il n'embrassait que pour mieux canaliser. Elle semblait le croire. Dans l'antichambre, j'ai présenté mes excuses au ministre en lui disant que c'était moi qui avais retardé la Première conseillère et j'ai couru retrouver Almássy Ferenc qui m'attendait à la terrasse du café Élysée, face à la sortie nord du Parlement, réplique exacte de celui de Londres.

Il n'y a pas que le tourisme pour faire de Budapest une ville-monde. Dévalant dans le Danube bleu, les collines de Buda rappellent celles de Vienne. On se croirait tout le temps à Vienne et, par moments, à Genève. À d'autres, c'est Zurich. Les boiseries des vieilles brasseries mêlent le style nouille et l'Art-déco. Cette ville qui avait explosé à la fin du XIXe est une capitale fin de siècle, un pot-pourri d'Europe où l'on retrouve Paris et Milan, Buenos Aires et Berlin. Par son architecture, elle est profondément internationale et, par sa position, remparts au-dessus de l'eau, le château qui la surplombe a un côté Kremlin. À Budapest, chacun peut être un peu chez soi et les terrasses sont si nombreuses en été, si pleines et animées, qu'on se croirait partout en Italie, dans celle du Nord, celle qui avait appartenu à l'Empire.

Si tant de gens l'adorent, moi le premier, c'est que cette ville est un concentré de Vieux Monde et Almássy Ferenc m'expliquait maintenant, comme Zsuzsa, que Viktor Orbán ne voulait aucunement sortir de l'Union mais en prendre le contrôle en prenant celui du PPE. Nous ne savions pas encore, ni lui ni moi, que le Parlement européen allait demander des sanctions contre la Hongrie en septembre et que la majorité du PPE, Allemands en tête, s'apprêtait donc à clouer Viktor Orbán au pilori mais il me parlait déjà, au cas où, d'un « plan B », de la création d'un nouveau bloc, plus à droite que le Parti populaire, auquel il voyait s'agréger à peu près toutes les droites de la droite européennes, à l'exclusion du Front national.

« Plus personne ne veut travailler avec eux. Ce sont des billes, juge-t-il, très mal organisés et pas sérieux. » Les droites de la droite n'ont pas pardonné à Mme Le Pen d'avoir fait si mauvaise figure dans son débat avec Emmanuel Macron mais, ces forces, comment les définissez-vous ? « Elles incarnent une forme de réaction, y compris contre les Lumières, me répond-il. Elles sont opposées à l'égalitarisme, au droit-de-l'hommisme et au matérialisme. Nous ne voulons pas de l'égalitarisme car à nier les différences, on rejette le mérite et efface les valeurs morales structurant la pérennité de nos sociétés. Nous ne voulons pas du droit-de-l'hommisme car c'est une idéologie qui mène droit à cet universalisme consistant à dire quoi faire et comment au bon sauvage et conduit à ce Bien majuscule auquel on passe ainsi comme on était passé de Marx au Goulag et comme on en était arrivé, avec tant de bienveillance et d'honnêteté, au communisme, au nationalisme et au libéralisme. Le droit-de-l'hommisme, poursuit-il, est une conception extrêmement limitée de ce qu'est l'homme car il fait de l'humanité un paquet d'individus si parfaitement interchangeables qu'on en arrive à justifier l'immigration par les droits de l'homme. »

D'accord... Et le matérialisme ?

J'aurais mieux fait de ne pas le relancer là-dessus car il en est revenu au salut des âmes. J'ai donc bifurqué en lui demandant si toutes ces droites de la droite pouvaient s'unir, malgré leurs différences. « Ce ne sera pas facile, a-t-il admis. C'est compliqué et c'est pour cela qu'Orbán met en avant l'immigration sur laquelle de plus en plus de forces et de responsables politiques adoptent ses positions. Le nouveau politiquement correct, a-t-il poursuivi, est d'ailleurs que l'immigration massive, incontrôlée et extra-européenne est inacceptable et il est bien que ce soit Orbán qui l'incarne car, lorsque nous aurons gagné, il saura calmer le jeu, contrairement à Macron, Juncker ou Verhofstadt qui n'en seraient pas capables. »

Calmer le jeu ? Oui, « éviter les violences », voulait-il dire, et lorsque je lui ai fait remarquer qu'il n'y avait pas de partisans d'une immigration

« massive et incontrôlée », aucun gouvernement en tout cas, il a rétorqué que ne pas vouloir l'arrêter ou ne pas savoir le faire revenait à la favoriser.

J'avais gardé la corruption pour la fin. Je ne voulais pas risquer d'abréger la discussion en abordant d'emblée ce délicat sujet mais les accusations portées contre Viktor Orbán n'avaient rien de tabou pour lui. Il a commencé par citer un humoriste selon lequel « la corruption est le système dont on ne profite pas ». Oui, très drôle, mais encore ? Un court silence, un peu triste, et : « Écoutez… Je vois bien que certains se sont enrichis, qu'il y a du copinage dans les appels d'offres et, sans doute, des rétrocommissions sur beaucoup de contrats publics mais les électeurs du Fidesz se disent que tandis que les autres s'enrichissent au sommet, ils le font eux-mêmes, à la base, car le niveau de vie progresse et l'économie va bien. Et puis, prenez Mészáros : c'est un oligarque sous contrôle du politique et non pas un oligarque contrôlant le politique… »

Il parlait de Mészáros Lőrinc, dit « le plombier », ancien chauffagiste et ami d'enfance du Premier ministre devenu la première fortune du pays. « Mészáros, dit-il, c'est la mise en place d'un contrôle politique de l'économie. » La formule était stupéfiante. Si disert sur la morale et le salut de l'âme, ce jeune homme me disait entre les lignes qu'à se créer ses oligarques comme l'a fait Vladimir Poutine, Viktor Orbán assurait le contrôle politique de l'économie en s'assurant à lui-même le contrôle des grandes fortunes. D'autres des partisans du Premier ministre disent encore plus crûment qu'il entend créer de nouvelles élites nationales en favorisant des hommes de confiance et, orbanistes ou opposants, tous les Hongrois vous expliquent sur le ton de l'évidence que la fortune de Mészáros est celle d'Orbán. « C'est vrai cette rumeur ? » avais-je demandé à l'un des hommes les plus pondérés du journalisme hongrois et il m'avait répondu : « Mais, Bernard, ce n'est même pas une question. »

La corruption ne choque que peu en Hongrie car on y considère, en bas, qu'il « est difficile de travailler à l'usine de confitures sans y goûter » tandis que l'on vous dit, en haut, comme Almássy Ferenc, qu'il « vaut mieux un oligarque hongrois qu'Orbán oblige à investir en Hongrie qu'un oligarque étranger, volant tout autant mais réinvestissant ses bénéfices dans d'autres pays ». J'ai protesté. Enfin, tout de même ! La corruption érigée en système ! Défendue comme une raison d'État ! J'élevais, contre la corruption, toutes les protestations que j'avais tues jusqu'alors mais il m'a stoppé net en m'opposant le constat suivant : « Ma génération n'a pas vécu la guerre froide. Elle n'a connu que le libéralisme anglo-saxon contre lequel s'exerce toute la force critique de la jeunesse. »

Je me suis vingt fois répété cette phrase.

Relisez-la, encore et encore, car une génération qui n'a connu que le libéralisme auquel elle oppose toute la révolte de sa jeunesse, cela ne concerne pas que la Hongrie mais le monde entier. Parce qu'il y a, en elle, toutes les raisons qui expliquent que tant de jeunes gens attachent si peu d'importance à la défense des libertés, cette phrase est terrible et m'avait tant marqué que je n'ai pas attendu l'heure. Il n'était que six heures moins vingt alors que ma loi est *never before six* mais il m'en fallait un double, tout de suite, un double Jack Daniel's pour tenter de m'y retrouver. Ce garçon s'en prenait aux Lumières, à la Déclaration des droits de l'homme, à la liberté, à la démocratie et à leur universalité, à tout ce en quoi je crois beaucoup plus que beaucoup de croyants ne croient en Dieu, et ce gamin de même pas trente ans m'avait tellement fasciné que je venais de passer deux fois deux heures avec lui, plus que cela, près de cinq heures en tout !

Je me comprenais d'autant moins que je l'avais trouvé plutôt sympathique et même attachant, sincère et tout sauf bête. Voilà que j'appréciais les réacs… Attention, mon petit Tintin, l'orbanisme est contagieux ! « Le même, s'il vous plaît ! Un seul glaçon. » Je m'en serais bien grillé une et me reprochais maintenant d'avoir accordé tant d'importance à un garçon qui ne représentait, après tout, qu'un site qui n'est pas Facebook et puis j'ai compris. Almássy Ferenc m'avait fasciné car, tout le temps que j'avais passé avec lui, une voix intérieure me disait qu'il n'y avait plus ni partis ni intellectuels pour défendre les Lumières avec autant de vigueur qu'il les dénonçait, que le libéralisme politique dont le XVIII$^e$ siècle avait accouché était aujourd'hui victime de l'opprobre frappant le thatchérisme, le néo-libéralisme économique, et que, nom de Dieu, Orbán et l'orbanisme n'annonçaient pas des lendemains qui chantent.

Mon téléphone a sonné. C'était un ami parisien qui a le malheur de me demander si ça va et auquel je rétorque, dans un long cri, que non, pas du tout, que c'est la fin de la civilisation et qu'il m'a fallu venir à Budapest pour le voir. J'ai fini par l'en convaincre (« Si, si, les Lumières ! Ils mettent en question les Lumières ! ») et puis je suis allé me coucher et dormir, à poings fermés, comme un enfant tranquille. Au réveil, ma panique de la veille me faisait rire de moi-même. Même d'affilée, même structurés et ne manquant pas d'arguments, deux réactionnaires ne font pas l'hiver mais, quatre jours plus tard, j'avais rendez-vous à l'Université Corvinus, la Sorbonne hongroise, et le recteur Lánczi m'a fait redescendre au quatrième sous-sol, en moins d'une heure.

Chaleureux, rond, sympathique, rien d'un Savo-narole, il définit le régime Orbán comme une « démocratie majoritarienne », qui ne se contente pas, autrement dit, de réunir une majorité au moment des votes mais à tous les moments et sur tous les aspects de la vie. Il s'agit de « coller à la majorité » et il faut pour cela, estime-t-il, ces relais qui avaient manqué à Viktor Orbán lors de son premier mandat de 1998. « C'est en 2002, au moment de sa défaite, huit ans avant de revenir au pouvoir, qu'Orbán a compris, dit-il, que les nouvelles forces qu'il incarne ne pourraient gagner qu'après avoir privé les post-communistes de leurs réseaux et établi les nôtres car le commu-nisme n'est pas mort. »

Comment ça, « pas mort » ? À part en Corée du Nord, et encore...

Eh bien je n'y étais pas car, en fait, nous n'en avons pas fini avec « *the communist way of thinking* », avec la façon de penser commu-niste, celle qui « privilégie tant l'utopie que sa réalisation devient plus importante que la réalité et que les moyens d'y parvenir ». « Dans la façon de penser communiste, poursuit-il, la racine des problèmes est le passé, ce qui était bon hier ne l'est plus et le progrès a la priorité sur tout. Parce qu'ils pensent ainsi, les libéraux détruisent la famille et la religion, ou les tiennent pour négligeables. Les sociaux-démocrates ont la même approche. Les démocrates-chrétiens n'en sont pas loin et c'est ce qui fait de l'Union européenne un bastion de la pensée de gauche. »

Voilà. Tous les grands courants politiques des démocraties européennes, la social-démocratie, la démocratie chrétienne et le libéralisme, relevaient de « la façon de penser communiste », du communisme en un mot, et c'est ce qui vous conduit, lui ai-je demandé, à chercher vos idées dans les temps antérieurs aux Lumières ? « Oui ! », a-t-il répondu. Il était heureux que je l'aie compris. Il était heureusement surpris qu'un journaliste français, un Occidental, s'intéresse vraiment, et pour un livre, pas seulement un article, à cette vision des choses qu'il a donc développée par ces mots : « Il y a eu tant d'horreurs depuis les Lumières, deux guerres mondiales pour ne parler que du xxe siècle, le communisme, le nazisme, le Goulag, Auschwitz, que vous devez bien vous interroger sur ces philosophes… »

« *We call enlightment into question* », nous mettons les Lumières en question, a martelé le recteur que je n'ai pas ébranlé une seconde en lui objectant qu'il y avait eu bien des horreurs avant les Lumières, que le monde n'était alors pas un jardin d'Eden mais un monde d'absolutisme et d'obscurantisme additionnés et qu'il était difficile d'éprouver une nostalgie de l'Inquisition. « Mais comment ! s'est-il récrié. Que me dites-vous là ? C'est absolument hors de proportion ! Combien de personnes l'Inquisition a-t-elle tuées ? Beaucoup moins que les totalitarismes et, avant les Lumières, les guerres se déroulaient sur des champs de bataille et ne tuaient que des soldats, alors qu'aujourd'hui… Vous savez bien ! Les soldats ne meurent plus. On ne tue que les civils. Les Lumières et la Révolution française sont la source des régimes totalitaires. Il suffit pour s'en convaincre de lire Rousseau et son *Contrat social*. »

Le recteur Lánczi en est venu au « droit naturel », celui que des philosophes d'avant les Lumières avaient opposé à l'absolutisme en le faisant découler des Évangiles et que ses amis et lui opposent, eux, aux droits de l'homme. Il m'a dit les mérites de Leo Strauss dont il est un spécialiste reconnu et qui « pensait que les réponses des Anciens étaient meilleures que celles des Modernes ». Au passage, il m'a chaudement recommandé la lecture de Pierre Manent, disciple français de Leo Strauss dont j'allais trouver, quelques semaines plus tard, deux pleines pages dans *Le Figaro*, et j'ai encore entendu que l'Europe « avait perdu ses traditions et sa culture », qu'on « n'y enseignait d'ailleurs plus le latin ni le grec », que « les étudiants ne savaient plus rien », que « l'homme était religieux par nature » et que « la religion n'était pas une affaire privée mais politique ».

Là, j'ai retrouvé assez de force pour murmurer que les islamistes ne disaient rien d'autre mais il a levé les bras au ciel. « Je sais, m'a-t-il répondu accablé. Il suffit que vous refusiez le relativisme moral pour que l'on fasse de vous un fondamentaliste mais la morale n'est pas relative ! » À l'Université de Budapest, dans le bureau du recteur, c'était vraiment la faute à Voltaire, rien d'autre, absolument la même chose, au mot près ou presque, que ce que j'avais entendu dans la bouche d'Almássy Ferenc qui n'a décidément rien d'un marginal isolé. Il n'y a pas de chemises noires dans les rues de Budapest. Il n'y a pas de prisonniers politiques en Hongrie, pas un seul, mais la pensée réactionnaire y est si présente et forte qu'il me fallait voir toujours plus de gens, de toute opinion, de tous les milieux, de toutes les générations, pour essayer de comprendre.

Kiss Sándor est socialiste, syndicaliste et maire de son village depuis vingt-huit ans. En cette fin du mois d'août, nous nous étions retrouvés sur la terrasse d'un hôtel proche de mon Airbnb et son bilan du passage à l'économie de marché était sans appel. « Une couche assez étroite, dit-il, est devenue extrêmement riche tandis qu'une couche beaucoup plus large est devenue très pauvre, incomparablement plus pauvre. » Il n'oublie pas, non, le développement des classes moyennes urbaines, tellement évident dans les bars, restaurants, bureaux et boutiques de Budapest. Il pense même que c'est pour séduire ces classes moyennes en leur montrant que leurs impôts n'étaient pas faits pour entretenir les chômeurs que Viktor Orbán a inventé le Travail d'intérêt général, mais ce qui le frappe avant tout, c'est le développement des inégalités sous le capitalisme.

« Avant (sous le communisme, veut-il dire), les coopératives agricoles de mon bourg faisaient travailler et vivre un millier de personnes. Ces terres ont été rachetées »… Par qui ? « Chez nous, c'était un transporteur, un homme qui avait fait de l'argent au début des années quatre-vingt-dix et qui a pu emprunter aux banques en faisant valoir les fermages à venir et les subventions européennes dont il allait bénéficier. Ça s'est partout passé comme ça, des gens des villes ont transformé les coopératives en entreprises agricoles et, dans mon village, elles n'emploient plus que dix-sept personnes. »

Dix-sept contre mille ?!! « Oui, dix-sept. » Cela signifie donc qu'il y avait un suremploi gigantesque ? « Bien sûr, acquiesce-t-il ! On disait, avant, que le chômage était à l'intérieur des usines mais, en même temps… Chacun avait un salaire, si maigre soit-il, et tous les métiers étaient représentés alors qu'aujourd'hui, c'est le TIG ou les départs à l'étranger, Londres, l'Allemagne, l'Autriche… La jeunesse et les savoirs s'en vont, les meilleurs s'en vont. »

Et donc ? Vous préfériez le communisme ?

« C'était une dictature, répond-il, mais à la campagne, là où je vis, personne n'avait peur. J'ai toujours dit ce que je pensais. » Vous étiez membre du parti ? Il n'aimait pas le dire mais « oui », il avait été membre du parti parce qu'on « le lui avait demandé un jour », lorsqu'il était tout jeune, et qu'il avait accepté, « sans trop y penser », alors que sa mère avait refusé en faisant valoir qu'elle ne manquait jamais la messe. « Elle n'a pas eu à en souffrir, ajoute-t-il, alors qu'aujourd'hui un type qui est au TIG et qui dit un mot de trop à un fonctionnaire, il est mort. Ce n'est pas la dictature. Il y a les élections et le pluripartisme, mais ce système d'aujourd'hui ne tient que par la peur et la corruption. »

« Tenez, raconte-t-il, comme maire, j'ai récemment été invité à une partie de chasse où il y avait tous les grands entrepreneurs de mon coin. L'un d'eux m'a pris à part pour me dire qu'il ne savait plus comment faire entrer dans sa comptabilité les pots-de-vin qu'il devait payer au Fidesz, à un député du Fidesz qui exige 40 % de ses bénéfices sous peine de mettre sa boîte à genoux. Ce pouvoir a baissé les impôts des entreprises, 9 % ! Pas mal... Formidable ! Bravo ! On ne fait pas mieux, mais les entreprises doivent payer d'autres impôts, à qui l'on sait, et non seulement ce patron paie, comme les autres, mais il vote Fidesz, par peur de l'instabilité, et vient se plaindre... au maire socialiste. »

Il n'y avait ni colère ni indignation dans sa voix. Il constatait et racontait, avec le sourire navré de l'homme qui n'y peut rien mais n'en pense pas moins. Mais alors... Finalement, n'était-ce pas mieux sous le communisme ? « C'était mieux ! » lâche-t-il avant de tempérer ce qu'il regrette d'avoir trop vite dit : « Ce n'était pas un bon système, je ne voudrais pas qu'on y revienne, mais nous avions cru que le changement apporterait plus de justice et non ! Ce n'est pas le cas. » Mais lorsque le mur est tombé, en 1989, en novembre, vous étiez heureux ? Votre cœur a battu ? « Oui... Intensément, car j'ai vu la joie des gens. J'ai pensé que c'était bien parce qu'une société normale est une société où les gens sont heureux et que je savais qu'il y avait des raisons à cette joie et à la direction que nous prenions et puis... »

Et puis, je n'ai plus eu à lui poser de questions. Gagné par une émotion qui devenait colère froide, il m'a parlé de ces bouquets de chaînes télé les plus avantageux dans lesquels il n'y a que les chaînes de propagande gouvernementale, du fait que ses administrés ne voyaient que cela et ne lisaient que la presse régionale entièrement contrôlée par le pouvoir et de ce jour de 2015 où il a répondu à une invitation de la paroisse protestante pour y parler des réfugiés.

Il leur avait dit qu'une Église chrétienne était faite pour répandre l'amour entre les hommes et qu'il fallait se montrer solidaires. « Un grand silence » était tombé sur l'assemblée, « si profond que j'avais pris peur mais un pasteur m'a remercié de les avoir rappelés à l'amour du prochain ». M. le maire s'est enhardi : « Les réfugiés sont dénoncés comme terroristes tandis que de riches étrangers, venus des mêmes pays, sont très bien accueillis. » Le pasteur l'a raccompagné, l'a encore remercié, et s'est penché à son oreille pour lui dire qu'il avait raison mais que les Églises étaient généreusement financées par le pouvoir et devaient bien faire la part des choses.

« Vous vous rendez compte ? » « Vous comprenez ? », me disaient les yeux de Kiss Sándor qui, soudain, se sont embués de larmes : « Le pasteur avait raison. Il ne peut pas entrer en guerre avec le pouvoir, surtout pas sur la question des réfugiés car, là, tous ses fidèles ou presque approuvent Orbán, mais j'ai repensé au mur, au mur que nous avions sauté en quête d'une vie meilleure, à notre joie, et j'ai eu honte. Je me suis vu sur les routes, obligé de fuir avec de petits enfants. J'ai eu honte et la question que je me pose sans cesse est de savoir où sont les intellectuels hongrois car qu'un ouvrier au TIG ne voie ni ne comprenne rien, d'accord, mais les intellectuels ! Ils se taisent. On ne les entend pas et leur responsabilité est immense. »

Nous avons repris des cafés, échangé quelques banalités reposantes et avant de nous quitter, mon interprète et moi, il m'a demandé : « C'était contre quoi ces manifestations étudiantes en France ? » Je n'ai pas bien su lui expliquer mais il me le demandait parce que sa fille, étudiante à la Sorbonne, y avait pris part. La fille de ce syndicaliste hongrois étudiait à Paris comme peuvent le faire des Strasbourgeois ou des Marseillais et, à l'instant même où je pensais que cela n'aurait pas été aussi banal sans l'unité européenne, il a ajouté, ravi, sur le ton de l'évidence : « Maintenant, ça ne pose plus de problème. »

L'hôtel sur la terrasse duquel je lui avais donné rendez-vous est l'un des derniers vestiges budapestois de l'esthétique communiste. De la nonchalance du service au formica de la réception en passant par un mobilier que je ne sais pas décrire mais connais si bien, tout m'y rappelait ce monde disparu qui s'appelait le bloc soviétique, le « socialisme réel », disait la *Pravda*. Ce monde je l'avais combattu, vingt ans durant, comme envoyé spécial du *Nouvel Observateur* puis correspondant du *Monde* en Europe centrale, à Washington et à Moscou. C'était après la mort de Staline, le XXe Congrès et la fin de la terreur de masse mais ce monde, je ne l'avais vraiment pas aimé et là...

Non seulement je regardais cet hôtel avec une nostalgie qui n'était pas seulement celle de ma première vie de journaliste mais je tenais un fil, le premier de cette enquête. Comme dans le succès de Poutine, il y a dans celui d'Orbán une nostalgie de temps où tout était écrit et semblait immuable, où tout était gris, faux, mensonger mais tellement rassurant car on savait de quoi les lendemains seraient faits puisque rien, croyait-on, ne pouvait changer. On ne voudrait pas y revenir mais « c'était mieux », moins pire veut-on dire, et cette nostalgie, je l'avais entendue dans la bouche de Lánczi Tamás, le rédacteur en chef orbaniste, comme dans celle de l'opposant socialiste que je venais de quitter. Rarement explicite, sauf en Russie, elle est omniprésente dans tout l'ancien bloc, chez les laissés-pour-compte de l'économie de marché, chez les conservateurs qui, même financièrement à l'aise, préfèrent le puritanisme communiste au mariage gay de l'Occident libéral, et jusque dans ces nouvelles classes moyennes qui redécouvrent et mettent à la mode le design communiste avec cette étrange tendresse que j'éprouvais là, dans cet hôtel tellement autre que ceux des chaînes internationales, de ces Ocni, de ces objets culturels non identifiés prospérant dans toute l'Europe centrale.

Sans même savoir pourquoi, lorsque nous parlions de l'Empire, j'avais demandé à Almássy Ferenc s'il avait lu les *Mémoires d'un Européen*, ces pages essentielles de Stefan Zweig dont le premier titre, le vrai, est *Le Monde d'hier*. « Non », m'avait-il répondu et, lorsque j'avais réalisé qu'il n'en avait même jamais entendu parler, je m'étais lancé dans un vibrant éloge de ce livre qui m'a tant marqué et, maintenant, avec plusieurs jours de décalage, je réalisais pourquoi je lui en avais parlé avec tant de passion. Consciemment ou pas, je voulais qu'il en lise au moins le chapitre, le premier, dans lequel Zweig décrit l'ordre impérial détruit par la Grande Guerre, les rentes, les uniformes et la sucrerie d'un monde aussi suranné et disparu que le communisme, un passé qui ne reviendrait plus, qui n'avait pas été son idéal, mais qui lui inspirait, comparé aux années trente, autant de regret que les Hongrois en éprouvent pour ces temps communistes tellement moins incertains que ce monde trop vite globalisé. Dans les deux cas, c'est un même phénomène de fuite vers le passé, impérial et proche pour ce qui était de Zweig, bien lointain et tellement mythifié pour ce qui est d'Almássy Ferenc et des orbanistes avec leur culte du roi Mathias, du compromis de 1867, des sociétés cimentées par une religion commune, des frontières d'hier et de la résistance de l'Europe centrale aux armées de Soliman le Magnifique et de ses successeurs arrivées jusqu'aux portes de Vienne où il avait fallu les Polonais pour les arrêter.

Peut-être ces nouvelles droites peuvent-elles conduire, je ne sais pas, à de nouvelles formes de sauvagerie dictatoriale telles qu'on en connaît déjà dans la Turquie d'Erdogan, la Chine de Xi, les Philippines de Duterte ou la Russie de Poutine. Le danger existe puisque Viktor Orbán apprécie autant Recep Erdogan que Vladimir Poutine et qu'on ne sait pas comment il réagirait à un affaiblissement de son pouvoir mais, pour l'heure, ce n'est pas le fascisme qui renaît, pas plus à Budapest qu'à Vienne, Rome ou Varsovie. Non, c'est une quête d'absolu, d'ordre social, de certitudes passées et balisées, de frontières et d'identité nationale, de pérennité en un mot, et rien d'étonnant donc à ce que cela débouche, chez les intellectuels de l'orbanisme comme dans les nouvelles intelligentsias de la droite occidentale, sur cette mise en question des Lumières, de ce grand tournant de la pensée européenne qui allait promouvoir le libre arbitre et la Raison, la vérité scientifique, les droits de l'individu et la quête de progrès social, cette poursuite du bonheur sur terre inscrite dans la Déclaration d'indépendance américaine et qui allait bien indirectement enfanter, par le biais de l'utopie terrestre, le nazisme et le communisme mais, avant tout et en droite ligne, assurer la fin de l'absolutisme, le rejet de l'obscurantisme et cette démocratie dont l'immense Churchill avait tant raison de dire qu'elle est le pire des systèmes à l'exception de tous les autres.

Ce n'est pas le fascisme, pas du tout ou pas encore en tout cas, mais ce qui paraît tant prendre l'eau et n'être plus guère défendu est ce legs du XVIIIᵉ siècle sur lequel sont bâtis, ou l'étaient, ces remparts de la liberté que sont la séparation des pouvoirs, la liberté de la presse et l'indépendance de la magistrature. Ce n'est pas à Budapest qu'on reprend confiance dans l'avenir de la démocratie et quelques jours plus tard, à une heure de là, loin des hordes de touristes, des terrasses et du *globish*, j'étais dans une ville ouvrière qui avait été le joyau de la sidérurgie hongroise.

L'acier avait fait vivre Ózd comme les mines avaient fait vivre le nord de la France mais cette ville a aujourd'hui perdu vingt mille de ses cinquante mille habitants. Elle est comme endormie, non pas misérable car le Travail d'intérêt général et les virements de sa jeunesse partie travailler à l'étranger la font survivre mais au point mort, lente, vieille et silencieuse. Après le changement de régime, les socialistes avaient longtemps tenu la mairie mais elle est désormais passée au Jobbik, le parti d'extrême droite qui est ou fut longtemps, ce n'est plus aussi clair, antisémite, anti-rom, anti-tout et haineux. Il n'y a pour autant pas de chasse aux Roms, pas la moindre violence. Le nouveau maire est généralement décrit comme un « pragmatique » car ce tout jeune homme appartient à l'aile de son parti qui a troqué une part de marché contre l'autre, autrement dit choisi de se recentrer tant il est devenu difficile de concurrencer le Fidesz à l'extrême droite.

Je n'étais pas allé le voir. Devant mon écran, carnet de notes ouvert à ma gauche, je me le reproche à l'heure d'écrire, mais le fait est que je n'ai même pas tenté de négocier un rendez-vous car l'extrême droite succédant aux socialistes sur fond de désindustrialisation, pas besoin de sortir de France pour connaître le syndrome. Et puis le Jobbik... Bien des années plus tôt, à Budapest, au début de ce siècle, j'étais tombé par hasard sur l'un de ses rassemblements, dans un parc du centre-ville. Un vieux monsieur s'époumonait dans un porte-voix. Professeur d'anglais, une jeune femme avait accepté de me résumer ses propos sur la patrie piétinée et nous nous étions assez bien entendus pour qu'elle accepte de venir à mon hôtel, le lendemain, avec une poignée d'autres militants.

Ils étaient ravis qu'on s'intéresse à eux mais, pour moi, l'expérience avait été pénible. À toutes mes questions, la réponse était : « Vous comprenez bien... Le capital international... Les banques apatrides... Vous voyez ce qu'on veut dire... » Je ne voyais que trop bien, les Juifs, vous dis-je ! Les Juifs évidemment coupables de tout, de l'implantation des banques et de la grande distribution autrichiennes, du rachat de l'aéroport par je ne sais plus qui et de la vente du gaz aux Français. Je n'avais pas eu envie de revivre ça, ces visages butés dans la certitude que les Juifs complotaient contre la Hongrie et gouvernaient le monde alliés aux francs-maçons. Je n'étais donc pas allé voir le maire et, accompagné d'un ancien directeur technique des hauts-fourneaux – « Non, jamais membre du parti », m'avait-il dit – je m'étais directement rendu dans cette ville au cœur de la ville que la sidérurgie avait constituée.

C'était un désert. J'ai découvert une immense ruine au milieu d'un désert sans fin, aussi poignante et vaine que le plus fier des cuirassiers reposant au fond de l'océan, toujours magnifique mais une voie d'eau à tribord et mangé par la rouille. En bas-reliefs, à droite de ce qui avait été l'entrée principale, des prolétaires marchant vers l'avenir radieux soutenaient encore le mur d'enceinte de leurs épaules de pierre. L'écroulement du toit laissait voir une nef d'acier, poutrelles croisées, splendide, aussi belle que les plus belles des gares européennes du XIX<sup>e</sup> siècle, mais rien, rien que le silence des grands fonds que pas même un poisson rouge ne venait troubler.

Devenu consultant international, cheveux blancs, gagnant beaucoup mieux sa vie qu'aux temps communistes mais encore tremblant d'amour pour sa belle endormie, le directeur technique me détaillait les bâtiments du quartier. Là, c'était le dispensaire de son usine morte, en face, la bibliothèque, à gauche les services sociaux... Il ne disait rien mais toute sa retenue hurlait que le communisme, c'était autre chose, que la Hongrie communiste avait une industrie, rentable, et prenait soin de ses ouvriers qu'elle glorifiait. Mais si c'était rentable, pourquoi ? Pourquoi cette désolation ?

J'en ai trois pages de notes, si denses que je ne comprends plus tous les épisodes qu'il m'a trop longuement détaillés mais à l'entendre, en deux phrases, la sidérurgie hongroise était bel et bien rentable, mais sur le marché des anciens pays frères, pas sur le marché international, et des Allemands ne l'avaient rachetée que pour la dépecer et la liquider car, avec un minimum d'investissements, le savoir-faire des Hongrois et leur bas niveau de salaires auraient pu finir par les concurrencer.

Vraie ou fausse, partiellement vraie mais bien trop simple, cette histoire – « Ils ne rachetaient que pour liquider nos usines dont ils craignaient la concurrence » – je l'ai entendue vingt fois à propos de bien d'autres branches industrielles. Je ne suis pas certain que tant d'industries occidentales aient tant craint la concurrence hongroise, mais nous voilà dans un quartier adjacent à la nef d'acier. C'est là qu'avaient vécu les cadres, dans un alignement de petits pavillons désormais squattés par des Roms auxquels la ville a tout coupé car ils ne paient rien. Des gosses à demi nus jouent dans la boue. C'est devenu un bidonville de taudis éventrés. C'est le tiers-monde en plein cœur de l'Union européenne et, à dix minutes de là, une usine flambant neuve, filiale d'une grosse boîte américaine, fabrique des pièces « de haute technologie » pour l'informatique. C'était… Disons Seattle au cœur de l'Union et l'ancien sidérurgiste m'a emmené voir le responsable local du parti socialiste, visiblement trop jeune pour avoir été communiste.

Il ne la ramenait pas. Il ne bluffait pas sur le poids de son parti dans une ville que le Fidesz lui avait prise avant que le Jobbik ne la prenne au Fidesz et je lui ai demandé si Orbán pouvait encore être battu. « Par lui-même peut-être, a-t-il répondu. S'il faisait une très grosse erreur, oui, bien sûr, mais aujourd'hui, même si on le prenait au lit avec une gamine de douze ans, les gens diraient que c'est la faute de la petite. Il tient le pays, a-t-il poursuivi, un peu comme les communistes le faisaient, par la presse, la télé et les jobs, ceux du TIG. Il y a une peur et un état de dépendance, comme sous l'ancien régime, mais avec, en plus, je suis entrepreneur, je peux vous le dire, le contrôle du secteur privé par l'attribution des marchés, la corruption et l'utilisation des contrôles fiscaux. Et puis… Vous savez, Orbán est un peu socialiste. Sa politique familiale aide vraiment les jeunes couples à avoir des enfants et à les élever, et si vous ajoutez à cela son arme privilégiée, la peur de l'immigration, non : il est là pour longtemps. »

Et ses mesures de renationalisation des services publics, de l'eau, du gaz, de l'électricité, des mesures de gauche après tout, vous les avez approuvées ? « Absolument pas », dit-il en expliquant, accablé (« Nous n'arrivons pas à le faire comprendre ») que les factures n'en avaient pas été abaissées mais augmentées et qu'Orbán n'avait fait là que flatter l'orgueil national pour mieux disposer de prébendes à distribuer à ses amis. Il n'est pas le seul à le dire mais bien d'autres, pas forcément orbanistes, ne voient là que mauvaise foi, et moi...

J'ai entendu tous les arguments, vu des liasses de chiffres et cru comprendre, mais peut-être à tort, que les sociétés étrangères avaient garanti une stabilité des prix que les renationalisations n'ont pas pu assurer lorsque les cours de l'énergie sont repartis à la hausse. Les nouvelles sociétés nationales n'ont certes pas été confiées à des adversaires de Viktor Orbán mais était-ce pour autant le premier objectif et la vraie raison de ces renationalisations ? La seule certitude est qu'elles ont coûté cher sans que leur avantage soit totalement indiscutable mais, toute autre question : « Qu'est-ce qu'être socialiste dans la Hongrie d'aujourd'hui ? »

Je m'attendais... Je me serais attendu à tout mais certainement pas à ce que ce responsable socialiste me dise, bravache et légèrement douloureux : « Même nos dirigeants ne le savent pas. Nous cherchons notre place et tout ce que je peux vous dire c'est que je crois aux valeurs de gauche, à la redistribution et à la justice sociale, aux libertés et à l'unité européenne, et que je crois aussi à la nécessité de la concurrence et du marché libre. » L'ancien directeur l'a approuvé. J'avais en face de moi un consultant international et un jeune entrepreneur en travaux publics qui, personnellement, se sont très bien arrangés du passage à l'économie de marché mais dénoncent les injustices d'un capitalisme dont ils sont partisans et militent dans un parti socialiste auquel les ouvriers et les plus démunis, non pas les grandes villes, non pas Budapest, mais la province et la misère des campagnes, préfèrent très majoritairement Viktor Orbán et son Fidesz, le nationalisme, le roi Mathias, le souverainisme et le bon temps du communisme, par ailleurs pourfendu comme criminel, voire diabolique.

Compliqué ? Oui, comme le sont tous les moments de rupture et d'incertitude. « Les bruns-rouges », pourrait-on dire. On peut aussi le dire des trois autres pays où cette enquête allait bientôt me conduire mais la clé est, partout, plus historique qu'idéologique. Ce qui compte avant tout, c'est l'Histoire, l'Histoire télescopée, en l'occurrence, d'un pays dont le xxe siècle aura été aussi chaotique et toujours changeant que le xixe français et me voilà dînant avec un journaliste « de centre-droit » dans une brasserie où l'on ne serait pas surpris de croiser Sissi, celle de Romy Schneider. « Ce fut le rendez-vous de l'intelligentsia hongroise avant la fin de l'Autriche-Hongrie », me dit Ablonczy Balínt, et j'ai repensé à Stefan Zweig car, absolument intact et vaguement poussiéreux, c'était, oui, ce *Monde d'hier* dont le brutal naufrage avait provoqué cent ans de séisme permanent – Trianon, le régent Horthy, précurseur des mesures antisémites quand Hitler ne faisait qu'en rêver, le rapprochement avec l'Allemagne nazie dont la Hongrie fut le dernier allié, le communisme, l'insurrection de 1956 et sa sanglante répression, les réformes économiques des années soixante, le mieux-être et la détente politique qu'elles avaient permis, l'ouverture des frontières hongroises qui avait précédé et accéléré la chute du mur en 1989, la transition vers l'économie de marché, le choc social qu'elle avait provoqué et, maintenant, l'orbanisme et sa course vers un passé d'opérette.

« Trois crises ont fait le succès d'Orbán, m'explique Ablonczy Balínt, et la première est celle du projet commun, en 2004. » L'année précédente, par référendum, près de 84 % des Hongrois avaient ratifié l'entrée dans l'Union. Les affiches en faveur du « oui » vantaient et détaillaient le bonheur à portée de main. « Est-ce que je pourrai ouvrir une pâtisserie à Vienne ? » Mais voyons, oui, bien sûr que vous le pourrez, et, pour la majorité des gens, ce devait être la fin du purgatoire après ces si longues années de négociations et de sacrifices exigés par la transition.

« La Hongrie, me dit Balínt, pensait devenir l'Autriche, notre Occident à nous puisque Vienne est restée notre Ville-lumière » mais, entrés dans le club, les Hongrois ne s'y sentent guère à l'aise. Non seulement ils « avaient imaginé l'Union dans sa version germanique, plus conservatrice, plus continentale et moins grand large que les versions française et britannique, celles d'anciens empires qui pensent monde et non pas Mitteleuropa », mais ils ne sont naturellement pas devenus aussi riches que les si riches Autrichiens avec lesquels la Hongrie s'était inconsciemment vue revenir aux plus belles heures de l'Empire.

L'Union déçoit la Hongrie et, bientôt, la braque car, incroyable surprise, il lui arrive de prendre des décisions communes, à la majorité, qui doivent s'appliquer à tous et même à ceux qui n'y avaient pas été favorables. Alors quoi ? Bruxelles, c'était Moscou ? Déjà finie l'indépendance ? Le malaise est tel qu'Orbán sent le vent tourner. À l'époque opposant puisqu'il avait perdu les élections de 2002, il se fait porte-voix du souverainisme montant, l'amplifie, l'organise, et puis il y a la deuxième crise, celle de 2006.

Socialiste, pro-business et ancien dirigeant des jeunesses communistes, un Tony Blair hongrois, Gyurcsány Ferenc, vient d'obtenir un deuxième mandat de Premier ministre en remportant 209 des 386 sièges du Parlement. Pour y parvenir, il avait fait beaucoup de promesses impossibles à tenir. Il le sait et commet l'erreur, en septembre, d'aller le dire en ces termes aux élus de son parti : « Il est évident que nous avons menti tout au long de ces dix-huit derniers mois [...]. J'ai failli en crever [...]. On a menti le matin, le midi et le soir. Nous avons tout fait pour garder secret ce dont le pays a vraiment besoin [...]. Nous le savons tous : après la victoire, il faut nous mettre au travail. » C'était dit à huis clos, mais ces phrases, la radio publique va les diffuser le 17 septembre car le Premier ministre a été trahi par l'un ou plusieurs de ses camarades opposés aux mesures d'austérité qu'il veut prendre.

Fidesz et Jobbik, l'opposition s'indigne, tempête et fait descendre dans les rues, en grand nombre. Les socialistes et leurs alliés libéraux, la gauche en un mot, deviennent « les menteurs ». On frise l'émeute. La « crise du mensonge » annonce le retour de Viktor Orbán et, entre-temps, la faillite de Lehman Brothers a mis le monde au bord de la banqueroute. En 2008, les Hongrois découvrent, stupéfaits, que ces Occidentaux, leurs institutions financières, leurs gouvernements et leurs techno-crates, ceux-là mêmes qui leur avaient imposé la dureté de la transition, sont bien loin d'avoir la science infuse et seraient plutôt des jean-foutre.

Voilà l'Occident désacralisé à leurs yeux. C'est cette troisième crise, celle-là mondiale, qui porte Viktor Orbán au pouvoir en 2010 mais, alors que la majeure partie des opposants de gauche que j'ai rencontrés, à Ózd comme à Budapest, le voit maintenant aux commandes jusqu'à sa mort, Ablonczy Balínt ne le croit pas imbattable. « Il avait été battu en 2002. Il l'a été en 2006 et, sans les réfugiés de 2015, sa réélection de 2018 aurait été compromise par la corruption et l'état des écoles et des hôpitaux », estime ce déçu de l'orbanisme avant d'ajouter que Viktor Orbán est si conscient de cette fragilité qu'il a souvent jugé prudent de reculer face à des mobilisations popu-laires.

Les étudiants l'ont empêché, en 2012, d'intro-duire des frais de scolarité à l'université. En 2014, la fronde générale provoquée par la taxa-tion d'internet a été victorieuse. L'obligation de fermeture dominicale des commerces avait sus-cité un tel mécontentement, en 2016, qu'elle a été abandonnée par le Premier ministre qui a égale-ment dû renoncer, en 2017, à la candidature de Budapest à l'organisation des JO de 2024 tant le coût de ce projet faisait scandale.

Issu d'une famille de la droite nationaliste et protestante, Ablonczy Balínt avait admiré la force et la détermination avec lesquelles Viktor Orbán relevait le drapeau national, rompait avec les hommes de l'ancien régime et tenait tête à Paris, Bruxelles et Berlin. Orbaniste, il écrivait dans un journal orbaniste mais « aussi proches que nous ayons été du Fidesz, nous n'étions pas des soldats, nous faisions du journalisme » et ce journal, dans la grande tradition orbaniste, un affidé du Premier ministre l'a racheté pour le fermer car « aux yeux d'Orbán, si l'on n'est pas totalement pour lui, on est contre lui ». Fin octobre, Balínt et d'autres licenciés d'*Heti Válasz* mettaient donc la dernière main à un site d'enquêtes de haut niveau, culturelles, économiques et politiques.

Leurs anciens lecteurs les soutiennent. Le centre-droit s'éloigne du Fidesz car les atteintes aux libertés et les tensions avec le reste de l'Union l'inquiètent. La droite modérée bascule dans l'opposition mais pour pouvoir déstabiliser Viktor Orbán, les oppositions devraient se coaliser alors qu'elles sont totalement éclatées, majoritaires en nombre de voix et intentions de vote mais si diverses que le Fidesz domine le Parlement, une majorité des deux tiers, car le système électoral avantage le parti arrivé en tête des scrutins.

Les socialistes ont opéré un virage à gauche. Gyurcsány Ferenc, leur ancien Premier ministre, a rompu avec eux et formé son propre parti. Les Verts sont en chute libre car jugés trop conciliants avec le pouvoir. Jobbik perd pied car le recentrage y a semé la division. Le centre-droit se cherche encore après avoir tenu les rênes dans les premières années de la démocratie. Viktor Orbán est minoritaire mais aujourd'hui tout-puissant et, qui plus est, approuvé par une écrasante partie de l'opinion sur la question des réfugiés, jamais appelés « réfugiés » mais toujours « migrants ». Ce soir-là, un chauffeur de taxi germanophone m'avait dit sur un ton de commisération : « Ah !! Vous êtes français… C'est dur pour vous ! », dur à cause de l'immigration, bien sûr, et Balínt confirme. « L'immigration, me dit-il, domine les esprits car, depuis l'ouverture des frontières par Angela Merkel, les Hongrois et toute l'Europe centrale avec eux ont une peur viscérale que l'Allemagne et l'Autriche ne deviennent musulmanes. »

Vous aussi ? lui ai-je demandé.

Il a souri, hésité et répondu : « Non »… Non, mais « à Strasbourg j'ai vu un gamin de douze ans traduire sa mère qui vivait en France depuis vingt-cinq ans. On ne peut pas ne pas se poser de questions, a-t-il poursuivi, parce que l'assimilation n'est plus aussi certaine qu'avec les précédentes vagues d'immigration, qu'un État doit pouvoir dire à qui il veut et ne veut pas ouvrir ses frontières et que tous les migrants ne sont pas des réfugiés fuyant la mort ou les persécutions ». Je notais sans rien dire et il s'est jeté à l'eau.

« Le plus grand roman hongrois, m'a-t-il dit, *Les Étoiles d'Eger*, raconte la résistance victorieuse de la citadelle d'Eger aux troupes ottomanes. Tout le monde a lu ça. Sous le communisme, on en avait fait un film que tout le monde a vu et dont une scène montre les combattants turcs serrer les rangs avant de donner l'assaut au cri d'*"Allahu akbar !"*. Eh bien cette scène je l'ai revue et j'ai entendu ce cri le 15 septembre 2015 lorsque

Orbán a fait déployer sa barrière métallique devant les réfugiés et qu'ils se sont regroupés pour la renverser. J'essaie de me démarquer de l'instrumentalisation politique qu'Orbán fait du problème. L'apocalypse du remplacement, non, c'est ridicule, je n'y crois pas et je déteste que ces hommes soient traités en sous-hommes, mais en Europe centrale, et en Hongrie particulièrement, nous avons des raisons historiques de nous vivre en sentinelles et frontière de l'Europe. »

« Avant 2015, m'a-t-il encore dit, nous ne prêtions pas trop attention à la petite musique de nos propres émigrés décrivant à leurs familles l'importance croissante de l'immigration musulmane en Europe occidentale mais, en 2015, c'est devenu notre problème. La crainte de l'islamisation est omniprésente parce que, depuis la transition, nous vivons dans l'insécurité culturelle et sociale et que nous ressentons, parallèlement, une peur de disparaître car nous ne sommes même plus dix millions de Hongrois. »

Nous en étions aux strudels, fondants, exquis, viennois, quand Balínt m'a posé une question : « Mais à vos yeux, Bernard, où est le problème avec le nationalisme ? En quoi est-ce mal ? » Interrogé, interpellé, je ne pouvais pas me défausser en lui répondant que j'étais là pour voir et entendre et non pas débattre. J'ai donc répondu à sa question en lui disant… Par ma culture littéraire et historique, lui ai-je dit, par mon inconsciente obstination à placer la France au cœur du monde et par l'excessive admiration qu'elle m'inspire, je suis français jusqu'à la caricature. Je suis plutôt cocorico, lui ai-je même avoué, mais je suis pourtant, avant tout, européen parce que je veux que nous continuions à peser dans le monde, que nous ne le pourrons pas sans l'unité de nos pays, qu'il y a une identité européenne qui n'est pas celle des États-Unis ou de la Chine, que cette identité, je veux la défendre, que je suis un souverainiste européen et que j'aspire, pour toutes ces raisons, à une Europe politique, forcément fédérale et à même d'être un acteur de la scène internationale. On peut et doit, lui ai-je encore dit, être patriote, fier de son pays et l'aimer, mais il faut se garder du nationalisme et le combattre car il est la recette d'un affaiblissement collectif, d'une somme d'affaiblissements nationaux qui nous ramènerait vite aux conflits d'intérêts puis aux guerres entre Européens.

D'un hochement de tête, Balínt m'a approuvé. Il était d'accord. Nous étions d'accord mais... L'étions-nous vraiment ? Complètement ? Nous n'avons pas poursuivi. Nous n'avons pas approfondi mais, en mon for intérieur, je savais que non, que notre accord ne relevait que de la Raison, pas de l'estomac, parce qu'il est plus facile d'être fédéraliste européen lorsqu'on est citoyen de la deuxième puissance économique de l'Union que lorsqu'on est hongrois et que la mondialisation de l'économie, le nivellement culturel et le supranationalisme européen menacent à ce point votre identité.

Les regards, forcément, sont alors différents, et que dire des orbanistes ? Même les moins europhobes d'entre eux, diplomates et conseillers du Premier ministre, vous racontent comment ils ont réalisé, en 2004, que les Allemands et les Français étaient un peu plus égaux que les autres dans l'Union et qu'il était bien difficile d'y peser lorsqu'on était hongrois. Hegedűs Zsuzsa, la Première conseillère, aussi à l'aise à Saint-Germain-des-Prés qu'à Budapest, est bien plus directe encore : « Attends ! m'a-t-elle dit dans la guinguette de Buda où elle aime donner ses rendez-vous de fin de journée. Les États-Unis d'Europe !... Mais moi je n'ai jamais cru à cette idiotie et, de toute manière, ce n'est pas dans le contrat. Ce n'est pas l'Europe à laquelle nous avons adhéré et le souverainisme est fondamental car l'adversaire est global. »

L'adversaire ? Je ne lui en ai pas demandé la définition tant elle était évidente. Zsuzsa est une intellectuelle, une sociologue, une élève de Touraine mais, pour elle comme pour tous les orbanistes, l'adversaire est le « libéralisme », mot-valise désignant le désordre international issu de la chute du mur, mot-carrefour où peuvent aussi bien se retrouver la Manif pour tous que la France insoumise, ceux que révulse le that-chérisme et ceux qui détestent, au choix, en tout ou en partie, le recul de Dieu dans l'Europe chrétienne, la libéralisation des mœurs, l'immi-gration musulmane, les « élites », l'immigration « extra-européenne », le « politiquement correct », l'immigration tout court, l'islam, la France (par définition révolutionnaire et donneuse de leçons), l'Allemagne (« qui a plus de pouvoir économique aujourd'hui que du temps d'Hitler », dit Zsuzsa) – bref, les temps présents sous tous leurs aspects, bons, mauvais ou discutables.

Après ce dîner avec Balínt, j'ai longuement marché avant de rejoindre mon Airbnb, près de la place des Héros. Envahie de touristes des cinq continents, la capitale du souverainisme est totalement cosmopolite. On y parle chinois, hébreu, japonais, toutes les langues d'Europe, bien sûr, et même arabe à condition d'avoir le portefeuille bien rempli. On y parle avant tout anglais car toute la jeunesse de Budapest parle au moins *globish* et c'est dans ce jargon que se font les échanges car Hongrois mis à part, personne ne parle hongrois. Budapest est jeune, vibrante, internationale et trépidante, débordant de bistros, boîtes de nuit et restos de toutes les cuisines, italienne et asiatique avant tout car ce sont les moins chères. La municipalité a si bien réglementé les taxis qu'il faut vraiment le vouloir pour se faire rouler. L'ancien quartier juif, celui d'avant-guerre, d'avant le génocide, est devenu le Soho local et, en fait de retour aux valeurs chrétiennes, ça drague partout et dans une frénésie mondialisée qui ne fait pas vraiment défense de l'ordre moral.

« Je ne suis pas libérale mais libertaire », m'avait dit Zsuzsa dans sa guinguette, mais tout de même ! Budapest vit du tourisme, et très bien. Toute la Hongrie profite de cette bien réelle invasion et des fonds européens et la Hongrie se voudrait barricadée, à l'abri de ses frontières, insulaire au cœur de l'Europe ? Ce pays marche sur la tête mais pas beaucoup plus, en fait, que le reste de l'Union où sondages et radios-trottoirs donnent grosso modo les mêmes résultats qu'en Hongrie.

Que pensez-vous de l'Union européenne ? – Pouah ! Dégoûtant !

Que pensez-vous de l'euro ? – La source de tous nos malheurs !

Que pensez-vous de Bruxelles ? – Appelez les gendarmes !

Voulez-vous sortir de l'Union ? – Non !

Voulez-vous sortir de l'euro ? – Certainement pas !

Ma déambulation m'avait mené jusqu'à l'Académie des sciences, ses marches et ses colonnes. J'allais prendre le pont des Chaînes pour passer à Buda, de l'autre côté du Danube, et puis non. Je n'aime pas Buda, ni son château, ni ses quartiers résidentiels, ni son marché, oui, oui, très beau, magnifique mais sans plus aucune authenticité tant il est bourré de touristes. Je fais demi-tour vers Pest, la vraie ville, ses bureaux, ses facs, ses ministères, ses immeubles xix$^e$ et Budapest *by night* qui semble ne jamais dormir.

Roumanie de Ceausescu, Syrie d'Hafez el-Assad (le père), Pologne de l'état de guerre ou Turquie d'aujourd'hui, j'ai connu beaucoup d'États policiers mais la Hongrie de Viktor Orbán n'en est pas un. Personne n'a jamais eu peur de m'y parler. Je n'y ai jamais ressenti le moindre besoin de prendre une quelconque précaution avant d'appeler qui que ce soit. Je n'y ai pas été l'objet de filatures ostensibles destinées à m'intimider et, pourtant, bien que j'aime cette ville, j'y ai constamment été mal à l'aise car je n'ai jamais cessé de m'y dire que la Hongrie concentrait tout ce qui rend aujourd'hui le monde tellement inquiétant.

Il n'y a plus de gauche en Hongrie, et plus de droite non plus. Les socialistes, en ce début d'automne 2018, sont à 15 % d'intentions de vote. Avec la petite Coalition démocratique fondée par Gyurcsány Ferenc, leur ancien leader, cela met le total des gauches à 20 %. C'est peu et ces deux gauches sont, de surcroît, très différentes et ne proposent pas grand-chose de bien clair. Gauche centriste ou canal historique, elles ne sont que des vestiges du XX$^e$ siècle et la droite qu'on dirait ailleurs « modérée » ou démocrate-chrétienne, cette droite centriste qui avait formé, sous la conduite d'Antall József, le premier gouvernement de la démocratie hongroise, n'a plus de représentation organisée depuis qu'elle s'est réduite à une groupusculaire Communauté démocrate du bien-être et de la liberté.

En Hongrie, il n'y a en fait plus que Viktor Orbán et son Fidesz, comme il n'y a plus, en Russie, que Vladimir Poutine et Russie unie ; mais où en sont, en France, le Parti socialiste et Les Républicains, l'ancien parti gaulliste qui fut si puissant ? L'un et l'autre s'estompent et se divisent, s'effacent peut-être. Dans le pays qui les avait inventées, la gauche et la droite paraissent anachroniques, venues de temps révolus, tout comme, à des degrés divers, la social-démocratie et la démocratie chrétienne en Allemagne ou le Parti démocrate et Forza Italia en Italie. La situation est à peu près partout semblable. Gauche sociale-démocrate et droite démocrate-chrétienne, les deux grandes forces qui avaient structuré les échiquiers européens depuis la fin de la guerre et qui ont, ensemble, bâti l'unité de l'Europe, reculent ou prennent l'eau, vilipendées comme « libérales » par les nouvelles droites de la droite et gauches de la gauche, mais pourquoi ?

La réponse est qu'elles sont devenues impuissantes.

Au bar du palace où j'étais entré, cela m'a fait sourire. Ce papier que j'étais en train de réécrire dans ma tête, j'avais bien dû le faire une fois par an, au micro d'Inter, pendant vingt-sept ans, mais là, à Budapest, sur le terrain, l'enquête du reporter confirmait les intuitions de l'analyste. Seul face aux étagères de verre, aux bouteilles et au miroir qui les réfléchissait, j'ai donc tiré le fil, le troisième après la nostalgie de la quiétude communiste et la violence de la transition.

La social-démocratie avait été forte de plus d'un siècle de combats et de succès du mouvement ouvrier, congés payés, droit de grève ou limitation du temps de travail. La démocratie chrétienne avait eu pour elle de plonger ses racines dans deux mille ans de christianisme européen, dans la « doctrine sociale » opposée par la papauté à la gauche anticléricale et dans le ralliement obligé des conservateurs aux idées de démocratie et de progrès social. Après-guerre, dans les trois premières décennies de la Libération, la social-démocratie et la démocratie chrétienne avaient fait front contre le communisme et garanti, pour cela, les compromis sociaux et les constants développements de l'État providence. À elles deux, elles exerçaient un monopole politique sur les démocraties et la culture politique européennes mais, au milieu des années soixante-dix, lorsque la fin de la période de reconstruction et la soudaine augmentation des prix du pétrole ont freiné la croissance et vu renaître le chômage, leur marge de manœuvres s'est progressivement réduite.

Pourtant issues du New Deal américain et des luttes ouvrières en Europe, les classes moyennes

71

ont commencé à se révolter contre l'impôt parce qu'elles ne voulaient plus payer pour les plus pauvres. Cette révolte a privé les gauches de soutiens essentiels et porté au pouvoir Margaret Thatcher puis Ronald Reagan. Ensemble, les États-Unis et la Grande-Bretagne ont alors pris la tête d'une croisade mondiale, la « révolution conservatrice », dont les deux idées fortes étaient que « l'impôt tue l'impôt » et que « l'État n'est pas la solution mais le problème ». Appuyée par le Fonds monétaire international et la Banque mondiale, cette croisade n'a cessé de marquer des points car la stagnation de beaucoup de pays du Tiers Monde était due au contrôle étatique de l'économie par des dictatures corrompues et incapables tandis que, dans les pays développés, l'impôt et les cotisations sociales pesaient trop lourd sur la création des nouvelles industries de haute technologie.

La révolution conservatrice a permis à des centaines de millions d'individus de sortir de la misère absolue. L'essor des pays dits « émergents » a développé leurs importations et, par voie de conséquence, les exportations des pays industrialisés. Recul mondial de la misère et boom des industries occidentales les plus avancées, les mérites des néo-libéraux sont loin d'être négligeables mais ils ont eu de lourds, de très lourds revers. En initiant cette mondialisation de l'économie que la chute du communisme a accélérée, Margaret Thatcher, Milton Friedman, le FMI et l'École de Chicago ont également favorisé les délocalisations industrielles et mis en concurrence directe des économies totalement dissemblables, à très bas niveau de salaires et sans protections sociales pour les unes, à haut niveau de salaires et de protection sociale pour les autres.

Déloyale, cette concurrence a fait reculer l'emploi et la protection sociale des pays développés. Elle y a amplifié le chômage que la fin de la période de reconstruction et l'augmentation du prix des matières premières avaient fait ressurgir au milieu des années soixante-dix et ses conséquences n'ont pas été qu'économiques et sociales.

Elles ont également été politiques car elles ont inversé le rapport de forces d'après-guerre entre le capital et le travail et considérablement affaibli les pouvoirs de régulation et d'arbitrage des États. Durant les Trente Glorieuses, les salariés pouvaient imposer aux employeurs une concession après l'autre car le manque de main-d'œuvre et la peur du communisme jouaient en leur faveur. À compter des années quatre-vingt, le chômage, les délocalisations et l'effondrement des pays communistes ont redonné au capital un avantage absolu. L'argent est redevenu roi. Les inégalités se sont considérablement accrues et les États ont vu leurs pouvoirs se réduire à vue d'œil car le capital pouvait se rire de leurs lois et régulations en allant s'investir là où les meilleurs coûts de production lui étaient offerts.

Face à la toute-puissance d'un argent sans frontières, ni la gauche ni la droite ne pouvaient plus grand-chose. Elles n'avaient plus de compromis à bâtir entre le capital et le travail. Elles ne pouvaient plus qu'alterner, au gré des élections, l'adoucissement et le durcissement des mesures de réduction de la protection sociale prises afin d'abaisser les coûts de production. Ce fut un séisme mais, si c'est au ralenti qu'il se produit aux États-Unis et en Europe occidentale, il a été foudroyant dans l'ancien bloc soviétique où l'effondrement des régimes communistes a fait table rase du passé et permis l'immédiate instauration de la nouvelle ère libérale.

C'est dans ces pays que la révolution conservatrice fut la plus brutale et, après avoir rêvé de l'Autriche, les Hongrois ont vu arriver le chômage, d'abyssales inégalités et un spectaculaire recul des services publics et de la protection sociale. En Hongrie comme dans tout l'ancien bloc, l'insécurité sociale s'est abattue sur des populations habituées à la protection d'États forts. Cela s'est pratiquement fait d'un jour à l'autre et, comme ni la social-démocratie ni la démocratie chrétienne n'y pouvaient rien, c'est d'abord dans les anciens pays communistes, Russie au premier chef, qu'on a vu des régimes autoritaires et nationalistes se substituer à la droite et à la gauche avant que de nouvelles extrêmes droites ne s'affirment dans les démocraties occidentales et n'y prennent le pouvoir, aux États-Unis, en Autriche et en Italie.

Mes pas m'avaient maintenant mené jusque dans l'ancien ghetto. Dans les rires, la musique et le brouhaha des terrasses, j'ai lu la plaque de marbre qui raconte les rafles, les assassinats et les déportations. Dans le noir, d'autres que moi déchiffraient ce texte et j'ai repensé à l'engrenage des années trente, à ces traités qui avaient humilié et ruiné les vaincus de la Grande Guerre, démantelé les empires ottoman et austro-hongrois, les deux grandes zones de crise d'aujourd'hui, et pavé la route du national-socialisme.

Ni Orbán, ni Poutine, ni Trump, ni Salvini, ni Kaczyński, ni le FPÖ autrichien ne sont des nazis mais nationaux et socialistes, bruns et rouges, ils le sont. C'est, en tout cas, la carte qu'ils jouent, celle de la défense du peuple par l'affirmation de la nation contre un monde extérieur supposé hostile, la carte de l'Histoire, de la fierté et des traditions hongroises, polonaises ou américaines contre des puissances occultes qui ne sont plus « juives », pas ouvertement en tout cas, mais « libérales » et que « l'Europe » incarnerait. J'en avais déjà absorbé un nombre inavouable mais j'ai repris un Jack et deux jeunes Italiens qui étaient, eux, à la bière m'ont demandé ce que je faisais à Budapest. Ça les a intéressés. Ils m'ont pressé de questions sur l'évolution politique de l'Europe centrale avant de finir par avouer, tout gênés, qu'ils avaient voté pour les 5 Étoiles.

« On voulait essayer quelque chose d'autre », a dit l'un. « On a toujours voté à gauche mais la gauche italienne, vraiment... », a dit l'autre. « Ce n'est pas ce qu'on a fait de plus malin », a repris le premier. L'un et l'autre artisans, dans le bâtiment, ils regrettaient leur vote car ils ne s'étaient pas attendus à l'alliance avec la Ligue et craignaient Salvini mais, en s'asseyant à la table à côté, deux Américaines en short et léger bustier leur ont fait oublier la politique. Ils avaient l'œil allumé. Je leur ai souhaité bonne chance avant de continuer, d'un bistrot l'autre, à vider les stocks de bourbon de la Mecque des souverainistes, Vatican des nationalistes et Jérusalem des identitaires.

J'écrivais dans ma tête, les Italiens et leurs regrets, l'épuisement des grandes forces politiques et le libéralisme. Après l'effacement de la gauche et de la droite, il faudra enchaîner sur le libéralisme, quelques paragraphes suffiront. J'ai pris deux ou trois notes, des repères qui me semblaient lumineux dans le bruit des glaçons et qui me sont maintenant totalement inutiles tant ils sont brumeux.

Reprenons. Aux États-Unis, « *liberal* » signifie « de gauche », on le sait, car au XVIIIe siècle, le libéralisme des Lumières défendait les droits et les libertés de l'individu contre les monarchies absolues, les Églises et les dogmes religieux. Le libéralisme, c'est la liberté contre l'absolutisme et l'obscurantisme, mais toutes les libertés, celles de conscience et d'expression comme la liberté du commerce. C'est le marché libre et la démocratie mais, contrairement à ce qu'on en arrive à croire aujourd'hui, ce n'est pas un programme économique puisque Keynes et Adam Smith étaient l'un et l'autre des libéraux et que les politiques qu'ils ont inspirées et ceux qui les incarnent sont radicalement différents.

Maître à penser de la social-démocratie et de tout l'après-guerre, le premier prônait un rôle régulateur de l'État. Théoricien du laissez-faire et de la « main invisible du marché », le second est le père spirituel des nouveaux libéraux, des « néo-libéraux » qui ont entrepris de démanteler l'État providence, réduire les impôts, diminuer le rôle de l'État et généraliser le libre-échange. C'est au nom de Keynes que les uns ont instauré l'État providence et au nom d'Adam Smith que les autres veulent le défaire. Comme la liberté, le libéralisme est ce qu'on en fait mais, rebaptisé « ultralibéralisme » et devenu tellement impopulaire qu'il est téméraire de s'en réclamer, il est aujourd'hui synonyme de baisse des salaires et de la protection sociale, de réduction d'effectifs et de fermeture d'usines, de bonheur des riches et de malheurs des pauvres.

C'est tout aussi vrai dans l'ancien monde libre que dans l'ancien bloc soviétique mais, à l'Est, le libéralisme est également dénoncé comme un excès de culpabilité historique de l'homme blanc, une inconscience du danger que constituerait l'immigration musulmane, une volonté de détruire la famille par le mariage gay et d'anéantir la civilisation chrétienne par l'ouverture des frontières – comme une marche accélérée vers la décadence de l'Occident. Vu de Budapest ou de Varsovie, le libéralisme est une idéologie mortifère défendue par la Commission européenne, par des « technocrates non élus » qui ne veulent pas comprendre que les gouvernements hongrois et polonais ne s'attaquent pas à la liberté de la presse et à l'indépendance de la magistrature, valeurs démocratiques inscrites dans les traités européens, mais à la place que les communistes tiendraient toujours dans les tribunaux, sur les ondes et le papier. Aux yeux du Fidesz, le libéralisme est tout à la fois la gauche et la droite, la gauche attachée aux libertés politiques et la droite à la main invisible du marché, et tout le problème est que ce n'est pas entièrement faux, en tout cas pas dans les dernières décennies des anciens pays communistes d'Europe, Russie comprise.

Pour Magyar Balínt, ancien ministre libéral de l'Éducation et auteur de *L'État mafia*, le livre dans lequel il pourfend le système Orbán, le libéralisme repose ainsi sur deux piliers : les droits de l'homme et l'économie de marché. Séparation des pouvoirs, respect des droits des minorités, démocratie et égalité des chances assurée par l'éducation, sa vision des droits de l'homme est évidente et claire mais l'économie de marché ? Pourquoi les libéraux hongrois, alors même que tous venaient de la gauche et étaient fondamentalement restés de gauche, ont-ils choisi Adam Smith plutôt que Keynes ?

« Parce qu'il s'agissait d'assurer un changement de régime, répond-il, que la troisième voie nous aurait menés au Tiers Monde et qu'il fallait donc instaurer le capitalisme avant de choisir entre les modèles suédois, français ou allemand. » Alors qu'il n'y a pas plus modéré que lui, cet homme ajoute même que « tout compromis aurait conduit au maintien de l'Ancien Régime ». Ça ne lui correspond pas mais il parle en révolutionnaire et raisonne, bien qu'il n'emploie pas ces mots, en termes de rupture et de table rase. À l'époque où il était au gouvernement, j'avais entendu la même chose à Varsovie puis à Moscou, l'idée qu'il fallait créer une situation nouvelle et même une nouvelle classe possédante mais, avec le recul, ai-je demandé à Magyar Balínt, avez-vous eu tort ou raison ? Avez-vous commis des erreurs expliquant le succès d'Orbán et le rejet du libéralisme ?

Je pensais qu'il allait parler de la brutalité sociale de la transition mais il a d'abord cité le décalage culturel qu'il y avait entre les anciens dissidents devenus libéraux et le reste du pays, y compris les militants de base du parti libéral. « Nous étions évidemment pour l'abolition de la peine de mort, dit-il, mais 90 % des Hongrois et 60 % de nos adhérents étaient pour son maintien. » Femmes, minorités, mœurs, tolérance, le reste était à l'avenant.

Les libéraux constituaient une force politique car ils apparaissaient porteurs du modèle occidental que le pays voulait adopter pour connaître l'opulence autrichienne, mais ils étaient en fait des Martiens en Hongrie.

« Notre deuxième erreur, a-t-il poursuivi, est que les intellectuels que nous étions auraient dû accompagner le parti et non pas le diriger et la troisième est que nous ne nous sommes pas assuré le soutien d'une clientèle économique, d'entreprises qui nous auraient financièrement appuyés, alors que les socialistes en avaient évidemment une, héritage de l'ancien régime, et que le Fidesz n'a pas tardé à s'en doter. » Ce n'est pas un regret qu'il exprime, sur aucun de ces trois points. C'est un constat qu'il fait, d'une voix neutre, d'analyste, d'universitaire, de chercheur. Je ne sais pas s'il aurait vraiment voulu que son parti devienne pérenne en se créant des obligés dans le monde de l'argent et en n'appelant pas au respect des minorités et à l'abolition de la peine de mort. Je ne le lui ai pas demandé. Peut-être ai-je tort mais j'en doute et puis...

Je déteste le dire car j'ai beaucoup dénoncé, comme journaliste, les thérapies de choc polonaise et russe, bien plus dures d'ailleurs que celle de la Hongrie. Ces politiques m'indignaient tant et j'étais tellement convaincu qu'elles mèneraient à des catastrophes politiques que je m'en suis presque fâché avec d'aussi proches amis que Bronisław Geremek et Adam Michnik, mais pouvait-on faire autrement ?

Je ne sais plus car, si les catastrophes politiques sont là, encore plus graves que je ne l'avais craint, le fait est que le décollage économique de ces pays est bien réel, qu'ils n'avaient pas, à leur sortie du communisme, les moyens financiers d'assurer le plein-emploi, une protection sociale, des services publics et une redistribution dignes de ce nom et que, s'ils n'avaient pas tourné la page d'un système en faillite, ils connaîtraient probablement une misère générale, autrement pire que les actuels écarts entre gagnants et perdants de la transition.

Peut-être bien que « *the third way was the road to the third world* », comme le disait Magyar Balínt. Peut-être fallait-il en passer par l'injustice brutale de cette accumulation primitive en attendant qu'elle suscite de nouvelles batailles pour la justice sociale, mais comment le dire alors qu'on ne réécrit pas l'histoire ? Il n'y a pas là de certitude possible et, comme le disait Adam Michnik à l'époque, « on sait comment faire la soupe à partir du poisson, mais le poisson à partir de la soupe... C'est une autre histoire. » Il n'y avait autrement dit pas de recettes disponibles. On ignorait comment reconstituer un marché libre à partir du communisme et, qui plus est, d'un communisme en faillite. Ça ne s'était jamais fait. Il fallait improviser et rien ne prouve que l'idée de Gorbatchev, la mise en concurrence des entreprises d'État avant la privatisation des meilleures, aurait été moins douloureuse. Il fallait inventer à partir de rien et l'on n'imagine plus, aujourd'hui, à quel point l'improvisation fut totale.

Libéral et professeur d'économie, Mihályi Péter fut la cheville ouvrière des privatisations hongroises du milieu des années quatre-vingt-dix. « Quand le système s'est effondré, raconte-t-il, tous les économistes étaient convaincus qu'il suffirait d'éliminer les plus grandes aberrations du socialisme pour que tout commence à bien marcher »... Sérieux ? Vous pensiez cela ? Vous le pensiez vous-même ? « Oui, répond-il. Je le pensais, nous le pensions tous, et la population aussi mais nous avons subi une récession encore plus sérieuse que celle d'après 1929. Le chômage, l'insécurité et les inégalités se sont développés, poursuit-il, et il y avait une presse pour en parler alors que la presse communiste ne parlait ni des crimes ni des différences de revenus. Les inégalités sont bien moins grandes en Hongrie qu'en Allemagne mais le fait est qu'elles sont en hausse, comme la criminalité ou le nombre des sans-abri dont les Hongrois ne savent pas qu'il y en a partout ailleurs dans le monde. »

Et c'est cela qui fait votre impopularité ? C'est cela que le Premier ministre utilise contre vous ? « Non, m'a-t-il dit. Ça ne peut plus être l'argument d'Orbán car il en est à son troisième mandat d'affilée. La transition, c'est vieux et les cordes dont il joue maintenant sont le nationalisme, l'immigration et le traité de Trianon. » Il a souri, d'un sourire las, avant de demander à la cantonade, non pas à moi mais au ciel : « Qui se soucie de la liberté de la presse quand la presse est libre ? Des passeports, quand tout le monde peut en avoir un ? De l'Union européenne, dès lors qu'on en est membre ? »

À Budapest, Reagan a sa statue.

Elle est laide et peu ressemblante mais l'un des charmes de la ville est fait de ces statues en pied, comme la sienne, métalliques et plantées au milieu d'une place ou d'une rue piétonne. Les touristes adorent. Ils posent avec ces célébrités et envoient la photo aux amis et parents. Ces statues sont aussi des repères et, ce jour-là, Kis János m'avait donné rendez-vous « au gendarme », devant la statue du gros gendarme de l'époque impériale qui fait face, de loin, à la basilique Saint-Étienne et paraît maintenant posté pour surveiller l'accès à la CEU, l'Université d'Europe centrale.

On y enseigne en anglais, lingua franca de cette université privée dont les étudiants viennent de tous les pays de l'ancien bloc soviétique. Plus on s'approche de ses immeubles, plus on croit entrer sur un campus américain, tant tout fait New York ou plutôt Boston, la cafétéria d'en face et le bureau de tabac, le buffet du hall et l'allure, surtout, de ces gamins tchèques ou polonais, hongrois, roumains ou bulgares. Tout respire ici l'intelligence et la jeunesse mais une banderole pend à chaque fenêtre, en hongrois et en anglais : « Je soutiens la CEU », car cette université, Viktor Orbán la poursuit de sa haine. Il y a longtemps qu'il voudrait qu'elle ferme ou parte, qu'elle disparaisse de sa vue parce que ses enseignants ne lui vouent pas une grande admiration et qu'elle a été fondée, crime originel, grâce à un don de George Soros, philanthrope américain d'origine hongroise, juif et libéral, grand soutien du Parti démocrate aux États-Unis et de la démocratisation en Europe centrale, autrement dit l'incarnation du diable aux yeux du Premier ministre.

Ce ne fut pas toujours vrai. Dans sa jeunesse, Viktor Orbán avait même bénéficié d'une bourse de la Fondation Soros pour aller étudier la philosophie libérale à Oxford. C'était au temps où il était lui-même libéral et n'avait pas encore réalisé que l'antilibéralisme pouvait lui assurer un grand avenir mais aujourd'hui, c'est la guerre. De la Maison-Blanche, celle de Trump, à l'Europe centrale et jusqu'à Rome, George Soros est devenu la cible de tous les nouveaux nationalistes, un nom de code pour désigner ces forces occultes de la mondialisation libérale qui s'attaquent, disent-ils, aux nations chrétiennes et veulent les noyer dans les vagues de l'immigration musulmane.

Dans un délire politique dont les relents antisémites empestaient la ville, Viktor Orbán est même allé jusqu'à faire couvrir Budapest d'affiches dénonçant Soros. Lorsque des manifestations ont éclaté contre lui en décembre 2018, le Fidesz a aussitôt désigné l'invisible main du « réseau Soros », mais non ! Qu'allez-vous penser ? Le Premier ministre n'a rien d'un antisémite et la meilleure preuve en est qu'il n'a pas de meilleur ami que Benjamin Netanyahu, le Premier ministre et chef de file de la droite israélienne, qui adore les nouvelles droites, d'Orbán à Trump, parce qu'il se retrouve en elles, que l'ennemi de mon ennemi arabe est mon ami et que qui se ressemble, s'assemble. L'écrasante majorité des Juifs hongrois est, elle, de gauche, intellectuelle et bien rarement pratiquante. Ceux-là, Viktor Orbán ne les porte pas dans son cœur et réciproquement. Contre eux, l'antisémitisme est une arme éprouvée et, contre Soros, contre l'ennemi de mes amis Trump et Netanyahu, contre l'homme auquel il doit la CEU, ce bunker libéral en plein cœur de sa capitale, tous les coups sont permis.

La bataille est d'autant plus passionnelle que nombre des anciens dissidents devenus libéraux, des anciens maîtres à penser de Viktor Orbán avec lesquels il a rompu, enseignent à la CEU. Intellectuellement parlant, la CEU est un parti à elle seule, le seul véritable parti d'opposition hongrois, mais c'est également une querelle de famille, par définition passionnelle et sans pitié, une querelle hongroise mais également américaine puisque ce morceau d'Amérique en terre hongroise est démocrate, ou pas trumpiste en tout cas. La CEU, c'est une bataille politique. Ce fut une bataille. C'était une bataille puisque Orbán l'a maintenant gagnée.

Harcelée, dos au mur, menacée de poursuites judiciaires, cette université centre-européenne s'est résolue, en novembre, à se replier sur Vienne mais Kis János, avec lequel j'ai donc rendez-vous « au gendarme », l'ignorait encore bien qu'il enseigne la philosophe à la CEU et soit au cœur de ce drame. Orbán en tête, il connaît personnellement tous les acteurs de la scène hongroise, intellectuels et politiques, car il avait fondé le parti libéral après avoir incarné la dissidence. Il pourrait tout me raconter sur les coulisses de Budapest, qui a fait quoi et quand, qui a dit quoi et où, mais inutile de l'interroger sur ces détails car je connais János : ce n'est pas un frivole.

Je le connais depuis mon premier reportage à Budapest, vingt ans après l'insurrection de 1956. La Hongrie était alors « la baraque la plus gaie du camp ». Les réformes économiques de János Kádár, Kádár János en hongrois, avaient si bien rempli les magasins qu'on y venait de Prague, Bucarest et Cracovie pour y acheter fruits et salamis. À l'été 1976, je ne connaissais, à l'Est, que Leningrad et Varsovie et j'avais été stupéfait par les embouteillages d'antiques Mercedes importées d'Autriche et par le petit disquaire privé, derrière l'Académie des sciences, qui vendait du jazz aussi naturellement qu'un magasin d'État soviétique pouvait proposer du Tchaïkovski. Comme aujourd'hui, Budapest était à part. Il y fallait déjà du temps pour comprendre et János m'avait fait arpenter la ville en m'expliquant comment les réformes de Kádár lui avaient permis de se faire accepter des Hongrois et de conclure un compromis avec eux : le salami contre la paix civile, la reprivatisation du tout petit commerce contre la résignation au communisme.

J'avais trouvé un parfum vichyste à cet arrangement, si différent de la permanente révolte des Polonais, mais qui étais-je pour juger ? J'avais en revanche adoré les dissidents dans lesquels je me retrouvais, mêmes lectures et mêmes intérêts que moi, tout aussi « deuxième gauche » et « gauche antitotalitaire » que je l'étais. Nous nous étions peu revus, János et moi, trop compliqué, mais n'avions jamais perdu le contact, compagnons du même combat anticommuniste, et c'est beaucoup plus sur notre génération que sur la Hongrie d'Orbán que je l'ai d'abord interrogé.

« Tu es aussi devenu *Chicago boy* ? » lui ai-je demandé. Cet austère a souri – autant dire éclaté de rire. Il s'était rallié à l'économie de marché bien avant l'implosion communiste mais il était évidemment attaché – « enfin, Bernard !... » à la protection sociale et plutôt choqué que j'aie pu en douter. Je me faisais remonter les bretelles. En plus d'être austère, János est autoritaire et, comme il m'en avait beaucoup appris sur le communisme hongrois en 1976, il garde avec moi une relation de maître à disciple, qu'il exerce, d'ailleurs, sur toute l'intelligentsia oppositionnelle et la CEU. C'est comme ça, et la transition vers l'économie de marché qu'il me décrivait n'était pas celle de Magyar Balínt, Mihályi Péter ou, bien évidemment, des orbanistes.

À l'entendre, il n'y avait pas eu de volonté de rupture des libéraux, pas de décision, bonne ou mauvaise, d'imprimer au plus vite un tournant irréversible car « il eût mieux valu, bien sûr, une transition graduelle » mais le fait est, dit-il, qu'elle n'a pas été possible. FMI en tête, les créanciers de la Hongrie refusaient d'annuler la dette laissée par l'ancien régime. Il fallait rembourser, et la dissolution du Conseil d'assistance économique mutuelle, mieux connu sous son acronyme anglais de Comecon, a beaucoup aggravé les choses car ce qui était rentable dans le marché commun du bloc soviétique ne l'était plus sur le marché mondial. J'avais déjà entendu cela à Ózd, devant la rouille des aciéries endormies. Ça se tient. Ce n'est guère discutable. C'est même vrai, à la réserve près qu'il n'est pas du tout certain que les pays d'Europe centrale sortant du communisme auraient même pu envisager de maintenir des liens économiques privilégiés avec l'Union soviétique, même devenue Fédération de Russie.

Je me souviens de mon effarement de correspondant à Moscou lorsque les Ukrainiens ont commencé à rêver d'indépendance et qu'ils n'entendaient pas, impossible de le leur faire comprendre, que la production agricole que leur achetait la Russie ne pouvait pas intéresser l'Union européenne. Le désir de passer à l'Ouest brouillait alors toute raison économique. L'Histoire brouillait la Raison tout court et la Russie n'avait pas forcément envie, non plus, de maintenir des liens qui avaient été politiquement rentables mais économiquement coûteux. C'est sans doute ce qui avait amené Gorbatchev à dissoudre le Comecon avant même que l'URSS ne soit dissoute par Eltsine. Le marché commun qu'il s'employait à créer dans les mois précédant sa chute n'aurait dû réunir que les Républiques soviétiques dont il voulait faire des États indépendants mais liés par un nouveau traité de Rome et dès lors que tout s'est écroulé trop vite, toutes les économies du bloc étaient condamnées à plonger et c'est ce qui est arrivé.

Quoi qu'il en soit, « ce ne fut pas un choix », me dit János. Ce fut « l'incontournable réalité d'une situation » et qu'aurait-il pu se passer d'autre, ai-je compris, alors que l'Ouest entreprenait de déréguler et de démanteler l'État providence, que le capital s'affranchissait des États, que l'Union européenne ne leur parlait que d'équilibre budgétaire et que la Hongrie devait rembourser les dettes de son ancien régime ?

À Budapest, mon regard a évolué. Lorsque je tempêtais, articles, colloques, chroniques, contre les thérapies de choc, j'oubliais un contexte, infiniment plus déterminant que les hommes auxquels je reprochais, depuis la chute du mur, de mener les anciens pays communistes à de nouvelles dictatures. À l'Ouest, la faillite communiste renforçait la main des néo-libéraux. À l'Est, c'était l'anarchie, au sens premier du terme. Les années quatre-vingt n'avaient, en fait, plus laissé d'autre choix aux pays communistes que la rupture libérale et, dans ce contexte, il est aussi probable, János m'en a finalement convaincu, que la « troisième voie aurait été la route du Tiers Monde » comme me l'avait dit Magyar Balínt. Finalement, non, leurs récits de la transition hongroise n'étaient pas aussi différents que je l'avais d'abord cru.

Notre déjeuner se finissait. János me demandait des nouvelles de Catherine et des enfants. Nous parlions famille mais, dans ma tête, remontait l'immense fureur qui ne m'a jamais quitté depuis trente ans. À Moscou, correspondant du *Monde* sous la perestroïka, j'avais rompu avec ce journal car, contrairement à ma hiérarchie, je considérais que Gorbatchev ne voulait pas sauver le communisme mais sauver son pays de la faillite communiste. Je pensais que les démocraties devaient aider cet homme alors que ma direction craignait qu'il ne veuille faire désarmer l'Occident. L'un dans l'autre, les capitales occidentales partageaient cette crainte. Gorbatchev avait été laissé seul sur son *Titanic* et avait coulé avec lui. On sait ce qui s'est ensuivi pour l'Europe et le monde et, pour ce qui est de ma vie, elle en avait été déterminée car j'avais démissionné du *Monde* avant de devenir éditorialiste et homme de radio.

À équidistance du gendarme austro-hongrois, de la CEU et de la basilique Saint-Étienne, sur la terrasse de notre restaurant, je replongeais dans cette bataille russe dont je me croyais enfin sorti. J'ai repris un café et, citant à János la célèbre boutade de la III<sup>e</sup> République française – « Comme la République était belle sous l'Empire ! » –, je lui ai demandé s'il ne lui arrivait pas de se dire que l'espoir de démocratie avait été autrement plus exaltant que ce qu'était devenue la démocratie et que la vie était, finalement, moins désespérante sous le communisme déclinant que sous l'orbanisme ascendant. Il lui restait vingt minutes avant son prochain cours et János m'a proprement recadré. Ma question était « anhistorique » puisque le communisme avait entamé « un processus de décomposition », qu'il ne pouvait pas « ne pas s'effondrer avec cette combinaison de faillite économique, de corruption idéologique et de corruption tout court » et qu'en « Pologne et en Hongrie, même sans la perestroïka, ses jours étaient comptés depuis 1968 au moins ».

Je savais cela. Sans doute l'avais-je même réalisé avant lui car j'avais vécu la Pologne de Solidarité. Il ne s'agissait pas, dans ma question, de refaire l'Histoire mais de nous demander, en termes de bilan générationnel, si le compromis de Kádár et le pluralisme de fait auquel était parvenue la Pologne ne valait pas mieux que ce…

D'ailleurs toi, János, tu dis comment ? « Démocrature » ? « Régime hybride » ?

Il m'a proposé « autoritarisme électoral ». C'était précis, moins joli que démocrature que j'aime bien, mais c'était bien ça : un autoritarisme soumis au vote, à un vote totalement faussé par l'encadrement du pays et le contrôle de la presse mais à un vote, tout de même. J'ai adopté sa définition mais, János, encore une question : cet autoritarisme électoral qui se répand si vite qu'il paraît en devenir pandémique n'est-il pas bien plus inquiétant que le communisme finissant ?

Il enfilait son caban et, marchant vers la CEU, il m'a répondu : « Le régime Orbán n'est pas un régime totalitaire. Il n'y a pas de prisonniers politiques. Si tu veux fonder un parti, tu le peux. Si tu veux créer un journal, rien ne te l'interdit. Si tu le fais, ça devient plus compliqué et même très compliqué mais c'est un meilleur point de départ que le communisme des années soixante-dix » – un meilleur point de départ, voulait-il dire, pour la construction d'une démocratie ou sa reconstruction.

Les bons moments d'un reportage, je le redécouvrais à Budapest, c'est lorsqu'une scène, une rencontre ou un soudain déclic après de longs tâtonnements vous font croire qu'on commence à comprendre. Les mauvais, c'est lorsqu'on réalise qu'on ne comprend en fait toujours rien et les très mauvais, c'est lorsqu'on n'en peut plus d'impressions trop différentes et de rencontres avec des gens trop convaincants, qu'on ne veut plus voir personne et se retrouve seul face à son désarroi, sans plus d'envie de salades en barquettes dans le fauteuil de l'Airbnb que d'une nouvelle tournée des bars en compagnie de l'ami Jack.

J'ai appelé Catherine. Je ne l'ai pas appelée comme tous les jours mais au secours. Il y a longtemps qu'elle sait soigner ce syndrome, en me faisant raconter, parler, revenir sur des rendez-vous que je ne lui ai pas assez fait vivre pour qu'elle puisse m'en donner sa lecture. Nous avons une telle connivence que Catherine est aussi mon red-chef. « Et l'ambassadeur ? m'a-t-elle demandé. Tu ne m'as presque rien dit de ce week-end. »

Mon deuxième samedi budapestois, le 25 août, l'ambassadeur de Hongrie à Paris, Károlyi György, était venu me chercher au pied de mon immeuble pour m'emmener dans ce que j'avais d'abord cru être une maison de campagne située près d'un « centre culturel » où il allait me trouver une chambre. Je verrai bien. Ce qui m'importait n'était pas le lieu mais la possibilité de passer une journée avec lui, dans un cadre plus intime que la salle à manger de son ambassade où il m'avait invité à déjeuner quelques mois plus tôt.

Élégant, précis et sans l'ombre d'un accent, son français m'avait alors bluffé mais je n'y étais pas du tout. Le français, il le parlait en fait depuis toujours. Sa vie durant, il l'avait même beaucoup plus parlé que le hongrois, langue de ses parents réfugiés en France dans l'immédiat après-guerre, juste avant que le communisme ne ferme les frontières. Français d'origine hongroise, marié à une Allemande rencontrée à Sciences Po, il était avant tout européen, mais ce que je ne savais pas non plus, c'est qu'il était comte et que ce « Centre culturel à vocation européenne » vers lequel nous roulions, Mme Károlyi, lui et moi, était le château de ses ancêtres, l'une des plus grandes familles de l'aristocratie hongroise.

Alors après le dîner, après qu'il m'eut emmené dans ses appartements privés pour les alcools et le café, je lui avais demandé comment un homme dont le siècle avait fait une incarnation du supranationalisme européen avait pu accepter de devenir ambassadeur d'un souverainiste, pourfendeur de « l'Europe », nationaliste et figure dominante des nouvelles extrêmes droites du Vieux Monde. « Bonne question ! » avait jugé son épouse mais Károlyi György en était resté si surpris que la courtoisie m'avait interdit de pousser l'avantage. J'étais son invité, après tout. Peut-être aussi n'étais-je pas trop fier d'avoir voulu recourir à une arme, la fausse intimité, que je m'interdis d'ordinaire. J'ai pris congé et, dans ma chambre de l'aile gauche, petite suite d'angle aménagée sous les combles, j'ai longuement retourné bien d'autres questions que je ne voulais pas lui poser car je ne suis pas procureur mais journaliste, pas directeur de conscience en tout cas.

Après la chute du mur de Berlin, la Hongrie avait décidé de restituer leurs châteaux et domaines à leurs anciens propriétaires. C'était un moyen de les sauver de la ruine et de les réinscrire dans l'histoire nationale sans que le budget de l'État n'ait à en souffrir car, exilées, plusieurs des familles de la noblesse avaient su conserver ou se refaire assez d'argent pour pouvoir remettre leurs biens en état. Faute de moyens suffisants, les Károlyi avaient, eux, décroché de nombreuses subventions européennes et nationales en faisant de leur château ce centre de rencontres, public et privé, statut complexe, qu'ils louent aussi pour des séminaires, des mariages ou de simples séjours dans ce lieu d'inspiration Directoire où tout n'est qu'élégance et majesté.

La restauration est d'un goût irréprochable. L'immense parc est ouvert au public mais je ne pouvais pourtant pas m'empêcher de penser que ces six mille mètres carrés de plancher étaient peut-être plus utiles aux orphelins qu'ils abritaient sous le communisme qu'aux mariages et aux colloques d'aujourd'hui. J'aime le luxe. J'adore les revues de décoration et les bars de grands hôtels. Il m'est arrivé de consacrer beaucoup trop d'argent à deux nuits de palace. Rien, au contraire, ne pouvait donc me déplaire dans la résurrection de ce domaine mais je pouvais d'autant moins me défaire d'un malaise que c'est en se battant pour le sauver, et ce fut une bataille, que Károlyi György avait fini par se faire nombre de relations haut placées et se retrouver ambassadeur à Paris, comme son oncle l'avait été, entre la défaite nazie et la liquidation des espoirs de démocratie par l'instauration du régime communiste.

C'est le temps des grandes familles qui revient, me disais-je dans le confort de ma suite et, non, ce n'était pas cette sorte de Restauration que j'avais imaginée lorsque je ferraillais, à *L'Observateur* puis au *Monde*, en faveur des dissidents des années soixante-dix et quatre-vingt. Ni eux ni moi n'avions jamais conçu que les anciennes Démocraties populaires puissent faire un tel voyage dans le temps et mon hôte était, de surcroît, l'ambassadeur d'un homme qui, pour n'être ni Recep Erdogan ni le maréchal Sissi, n'en est pas moins Viktor Orbán.

Je n'étais pas chez moi et mon malaise s'est accentué le lendemain matin alors que, face au parc, dos à la porte tambour, je petit-déjeunais au soleil, plongé dans le dernier discours du Premier ministre. L'ambassadeur l'avait traduit lui-même. Le français en était donc fluide et dans cette adresse annuelle aux Hongrois de Transylvanie, Viktor Orbán parlait de « l'horizon 2030 » avec l'implicite certitude d'être encore aux affaires dans douze ans. « Nous voulons qu'à l'horizon 2030 », disait-il, la Hongrie fasse partie du peloton de tête des cinq pays de l'Union européenne par sa qualité de vie et sa compétitivité, que son déclin démographique soit enrayé et que sa capitale devienne le cœur d'une Europe centrale unifiée par des autoroutes, de nouveaux

moyens de transport à grande vitesse et des investissements industriels communs.

À travers les Hongrois de Roumanie, c'est à
la « nation hongroise » que le Premier ministre
s'adressait, à la Hongrie d'avant Trianon, aux
Hongrois et à leur diaspora. Non seulement il
reconstituait la Hongrie d'hier car « nous sommes,
disait-il, à un moment historique marqué par la
fin de cent ans de solitude » mais il voulait que
la puissance reconstituée de la Hongrie austro-
hongroise fédère le « bassin des Carpates »,
quelque huit pays, disons l'ancien Empire, et
qu'elle le fasse notamment en « coordonnant nos
politiques de Défense et le développement de nos
forces armées ».

Livraisons d'armes et envois de troupes en plus,
c'est ce que font les Iraniens en s'appuyant sur les
minorités chiites du Proche-Orient pour s'affirmer
en puissance régionale. Avant que les révolutions arabes de 2011 n'y mettent terme, Recep
Erdogan avait lui aussi rêvé d'une reconstitution
de l'Empire ottoman, d'un « néo-ottomanisme »,
par le réseau aérien de Turkish Airlines et le
savoir-faire industriel et commercial des grands
conglomérats turcs. Une idée ne vous vient que
parce qu'elle est dans l'air mais cette reconstitution de la Grande Hongrie par le commerce,
Viktor Orbán veut désormais la mettre au service
de la naissance d'un bloc centre-européen au sein
de l'Union, d'un contrepoids « illibéral » au libéralisme de l'Europe occidentale. Contrairement
aux brexiters dont il est pourtant si proche, il
ne veut pas quitter l'Union mais en prendre le
contrôle, perspective à laquelle il croit car il peut
constater, en s'en réjouissant, une « droitisation »

de l'Europe (il aurait pu dire du monde) et parce que nous vivons, dit-il dans ce discours, un changement « d'époque ».

À ce mot qui me fait aussitôt penser à cette Restauration sur laquelle je me suis si mal endormi, à la mise en question des Lumières et à ce parfum d'Ancien Régime, monarque élu mais absolu, que je respire depuis dix jours, je repose mon café et sors ma cigarette, enfin... ce truc électronique sur lequel je tire depuis le Samu. « L'époque est toujours quelque chose de plus que l'ordre politique. C'est un ordre de nature spirituelle », dit M. Orbán avant d'énumérer les cinq principes dont il veut faire, un jour, ceux de l'Union entière après avoir fondé sur eux l'unité de l'Europe centrale sur des bases « nationales et chrétiennes ».

Premier principe : « Chaque pays a le droit de protéger sa culture chrétienne (et) de rejeter l'idéologie du multiculturalisme. »

Deuxième principe : « Chaque pays a le droit d'affirmer que tout enfant a droit à un père et une mère. »

Troisième principe : « Chaque pays d'Europe centrale a le droit de protéger les marchés et les branches de son économie qu'il considère comme stratégiques. »

Quatrième principe : « Chaque pays a le droit de protéger ses frontières et de rejeter l'immigration. »

Cinquième principe : « Chaque pays européen a le droit d'être attaché, pour les questions les plus importantes, au principe "Un État, une voix" et ce droit ne peut pas être contourné au sein de l'Union européenne. »

Blanche et chrétienne, culturellement chrétienne, l'Europe de M. Orbán n'est pas celle,
dit-il, de la Commission, d'une Commission « par-
tisane », « exclusivement libérale » et œuvrant à
« l'avènement d'un socialisme européen ». C'est
encore moins celle de « l'élite européenne, une
élite exclusivement libérale et qui a fait faillite »
parce qu'elle a « renié ses racines ».

« Dans l'Europe chrétienne, explique-t-il, le
travail était respecté, l'homme avait sa dignité,
l'homme et la femme étaient égaux, la famille
était la base de la nation, la nation était la base
de l'Europe et les États étaient garants de la sécurité. » À l'inverse, poursuit-il, « dans l'Europe de
la société ouverte, il n'y a plus de frontières ; les
Européens sont interchangeables avec les immigrés ; la famille est devenue un cadre de coha-
bitation variable selon les goûts ; la nation, la
conscience nationale, le sentiment d'appartenance
à une nation sont considérés comme devant être
dépassés et l'État ne garantit plus la sécurité en
Europe. »

L'Europe de M. Orbán, celle qui sera bientôt
sortie, espère-t-il dans ce discours, des élections
européennes du printemps 2019, aura donné un
coup d'arrêt au « plan Soros »... Je m'arrête à ces
deux mots. Le Premier ministre israélien ne trouve
pas que son ami Viktor soit antisémite, pas du
tout, mais Viktor Orbán parle d'un « plan Soros »
visant ce « grand objectif de transformation et
de passage de l'Europe à l'ère post-chrétienne ».
En plus sophistiqué, ce n'est rien d'autre que *Les
Protocoles des sages de Sion*, ce faux de la police
tsariste dont les ravages se font encore sentir,
mais poursuivons. Refondée par la Hongrie et

l'Europe centrale, l'Europe de M. Orbán sera celle des nations, non pas du tout cette union « toujours plus étroite » dont parlent les traités mais un ensemble de nations pleinement souveraines et chrétiennes, c'est-à-dire non musulmanes, auxquelles rien ni personne, ni rapport de forces, ni majorité, ni Cour de justice européenne, ne saurait imposer quoi que ce soit.

Le débat n'est pas nouveau. Il accompagne la construction de l'unité européenne depuis ses débuts. « On ne fait pas d'omelette avec des œufs durs », est-il arrivé de dire au général de Gaulle, mais l'Union à laquelle la Hongrie a adhéré avait déjà nombre de politiques communes et une monnaie unique. La Hongrie profite, et largement, des « fonds structurels », du financement de sa modernisation par la solidarité des plus développés des États membres. Ce n'est pas une Europe des nations que la Hongrie a librement rejointe mais une Europe à bien des égards supranationale et Viktor Orbán lui-même insiste, dans ce même discours, sur la nécessité de doter l'Union d'une « force armée européenne ». Il le fait en soulignant que les États-Unis ne veulent plus assurer la défense de l'Europe. Il a raison. Il y a urgence, mais une armée commune sans politique étrangère commune ?

Ça ne tient pas. Orbán s'avère là profondément incohérent... Bizarre... à moins... à moins que... Mais oui, bien sûr ! Bête que je suis ! Dans ce discours, ou dans ce passage au moins, Orbán a déjà gagné les européennes de 2019 et, si ses amis et lui ne les ont pas déjà remportées, ils y auront tant progressé, pense-t-il, que leur victoire est assurée en 2023. Dans ce discours à « l'horizon

2030 » dont j'entreprends la relecture, crayon en main, Viktor Orbán se voit prendre les commandes de l'Union dans six ans au plus tard, demain, en tant que président de la Commission ou, mieux encore, président du Conseil, de l'assemblée des vingt-sept chefs d'État et de gouvernements où tout se décide et dont il est déjà devenu une figure centrale.

Orbán anticipe et, ce regard commun sur le monde sans lequel il ne peut pas y avoir de défense européenne commune, il en propose un, que je n'avais pas su voir à ma première lecture de ce discours du 28 juillet. Malgré « le dédain avec lequel l'élite européenne l'avait accueilli, Donald Trump progresse et nous voyons apparaître une nouvelle politique mondiale fondée sur des accords bilatéraux et un nouvel ordre économique ». La Chine poursuit son développement (et) « la droitisation de l'Europe ne concerne plus seulement l'Europe centrale » mais toute l'Union, comme le montrent les élections allemandes, autrichiennes et italiennes.

Oui, pas faux, mais encore ?

La grande affaire sera le bras de fer sino-américain car les États-Unis ne veulent pas se laisser supplanter par la Chine et savent qu'ils ne pourront pas reprendre la main sans modifier les règles du jeu international. « Personne ne sait encore s'ils y parviendront et s'ils parviendront sans conflit armé », estime Viktor Orbán mais, à ses yeux, le sort de l'Ukraine est en revanche joué. L'Ukraine n'entrera pas plus dans l'Otan que dans l'Union européenne et « l'objectif des Russes consistant à rétablir la situation antérieure ne semble pas irréaliste ».

La Russie joue et gagne et « c'est à cette lumière », juge le chef de file de l'illibéralisme, qu'il faut reconsidérer les relations entre l'Union européenne et la Fédération de Russie, voir que la Russie est effectivement menaçante pour la Pologne et les pays baltes auxquels l'Union et l'Alliance atlantique devraient offrir des garanties exceptionnelles, mais voir aussi que les autres États européens ne sont aucunement menacés par les Russes et qu'il faut donc les laisser coopérer avec eux.

Pour ce qui est, maintenant, de l'Orient compliqué, les choses y sont simples. Là-bas, la sécurité de « l'Europe tout entière » repose sur la stabilité des trois pays, la Turquie, Israël et l'Égypte, qui sont à même de « freiner et arrêter les flux migratoires ». Turquie, oui, on voit bien. Égypte, peut-être… mais Israël ? Eh bien « s'il n'y a pas Israël, une zone géographique musulmane radicale se constitue ». On avait cru observer qu'elle se constituait malgré Israël mais passons à l'Europe.

« Elle a été une grande civilisation. » Elle l'a été au passé parce qu'elle a « renié ses bases chrétiennes », qu'y règne le « politiquement correct » et que « l'esprit d'entreprise y a été supplanté par l'esprit bureaucratique de Bruxelles », mais tout n'est pourtant pas perdu pour l'Europe. Une renaissance s'annonce, au contraire, car si « l'élite soixante-huitarde dégage, il ne nous reste plus à répondre qu'à une seule question : qui vient ? Et à cette question, il faut modestement répondre : nous ».

Plus qu'un « nous » collectif, c'est un « nous » de majesté. À cette question, Viktor Orbán répond, en

fait : « moi », avant de développer ainsi son idée :
« Nous devons dire que les quatre-vingt-dixards
viennent prendre la place des soixante-huitards,
que la génération anticommuniste, engagée
dans le christianisme et de sensibilité nationale,
arrive maintenant dans la politique européenne. »
« Il y a trente ans, conclut-il, nous croyions
encore que l'Europe était notre avenir. Nous
croyons aujourd'hui que nous sommes l'avenir de
l'Europe. »

Relisant ces dernières phrases, je me suis
demandé si je ne me retrouverais pas souverainiste le jour où Viktor Orbán aurait pris la tête
des États-Unis d'Europe. Vaste question, mais
il est près de 10 heures et je ne peux plus faire
attendre Mme Károlyi qui m'a proposé une visite
du château. Son chignon est relevé. Un léger
tablier l'a protégée des travaux de jardinage auxquels elle s'adonne depuis le lever du soleil et ses
bras sont pleins de fleurs destinées à la salle à
manger. Il y a quelque chose de très anglais chez
cette Allemande bucolique et franco-hongroise
dont toutes les remarques, incises et questions
me semblent trahir un ancrage à la gauche de la
démocratie chrétienne.

Elle me propose de commencer par les archives.
Je lui emboîte le pas et me retrouve plongé, en
sous-sol puis en étage, dans les bibliothèques,
manuscrits, dossiers et correspondances de deux
des Hongrois de Paris que j'ai bien connus,
François Fejtö et Thomas Schreiber. Fejtö, c'est
l'*Histoire des démocraties populaires*, une somme
en deux tomes que j'ai lus, annotés, et partiellement relus je ne sais combien de fois car on
ne pouvait pas être correspondant du *Monde*

en Europe centrale et orientale sans se référer constamment à cette bible, y revérifier une date, l'orthographe d'un nom ou les tournants d'une carrière politique.

Fejtö avait été l'un de mes maîtres et Thomas avait été, lui, l'un de mes confrères et amis, passé par *L'Express* et *Le Monde*, un puits de science, chaleureux et modeste pour lequel je n'avais que de la considération. Politiquement parlant, l'un et l'autre étaient des centristes de gauche, disons sociaux-libéraux, tout ce qu'Orbán pourfend, et leur vie entière était archivée dans le château retrouvé de son ambassadeur à Paris. Si François et Thomas ne l'avaient pas voulu, ce ne serait pas le cas. Tout ce qu'ils avaient écrit et lu était ainsi à la disposition d'historiens, de chercheurs et de thésards, non pas en France mais dans leur pays. Tout était parfaitement rangé, classé, indexé par Mme Károlyi qui sait de quels trésors elle est dépositaire, mais, comment dire ?

J'avais le sentiment d'une captation d'héritage, de l'annexion de l'anticommunisme libéral, démocratique et social par l'anticommunisme nationaliste, réactionnaire et adversaire des Lumières. J'avais l'impression qu'en visitant ces lieux, en y ouvrant une boîte transfert ou un livre que Fejtö semblait avoir autant aimé que moi, je me faisais complice d'un mensonge historique qui associait ces deux hommes, des amis, à l'orbanisme triomphant.

J'ai pressé le pas pour passer à des salons, boudoirs et chambres à coucher dont les tentures, parquets et peintures étaient comme rehaussés par le très petit nombre de meubles et de tableaux, pillés par les villageois ou intégrés aux collections des musées qui ne les restituent pas sans preuves de propriété difficiles à fournir. Dans l'obscurité d'un demi-sous-sol, Mme Károlyi m'a montré une grande photo de groupe. C'étaient des orphelins de la guerre civile grecque, recueillis par la Hongrie communiste et installés ici au début des années cinquante. La plupart ont fait souche dans le pays. L'un d'eux tient un restaurant de cuisine hongroise que j'ai beaucoup fréquenté sans savoir qu'il appartenait à l'un des gosses de la photo.

Un dimanche, les Károlyi avaient invité les survivants qui, accompagnés de leurs enfants et petits-enfants, s'étaient dits heureux du sauvetage de ce château qui avait été le leur. Logique, mais je ne suis pas certain que les parents communistes de ces orphelins ne s'en retournaient pas dans leur tombe et restait un déjeuner, guindé, forcément guindé par l'ambiguïté de la situation.

L'ambassadeur faisait son métier mais recevait plus une connaissance qu'un journaliste. Je n'étais pas dans son ambassade mais sur ses terres et c'est entre deux verres, en passant, que je lui ai fait remarquer que dans la tribune qu'il venait de publier à Paris pour défendre « l'illibéralisme » de son Premier ministre, il avait fait comme si Viktor Orbán ne s'attaquait qu'au libéralisme économique et non pas au libéralisme politique, sa véritable cible. Dans ce texte, Károlyi György jouait les militants d'Attac ou de la France insoumise, pas vraiment l'homme qu'il est et pas celui que j'avais en face de moi. Il a esquivé avec la grâce d'un monsieur bien élevé et, plutôt que d'insister, je l'ai remercié de m'avoir passé sa traduction du discours de Transylvanie.

Je m'en suis dit tellement reconnaissant qu'il ne savait plus si c'était du lard ou du cochon alors qu'il n'y avait aucune malice dans mon propos. La conversation n'était pas facile mais le ton n'est monté, un peu monté mais tout de même, que sur les réfugiés.

Le pic est passé, lui avais-je dit. Le pic de 2015 était directement lié à un summum d'atrocités en Syrie et maintenant que le problème n'a plus cette ampleur, pourquoi en faire un sujet de crise en Europe ? Que n'avais-je pas dit là ! Il m'a rétorqué, fâché, que ce n'était pas une accalmie qui permettait de nier le problème alors qu'il y aurait évidemment d'autres grandes vagues d'immigration que l'Europe ne pouvait pas absorber et j'ai lâchement reculé, comme lui sur les libéralismes.

Il partait à Vienne. Je rentrais à Budapest. Il m'a déposé à la gare d'une ville-dortoir. Les jeunes guichetiers parlaient anglais. Le train était rapide et silencieux, flambant neuf et sentant bon les subventions européennes. À l'arrivée, j'ai mis du temps à trouver un taxi car on ne les hèle plus, m'a expliqué une jeune femme, mais les appelle sur application. Elle l'a fait pour moi et je suis arrivé en retard chez Tamás Gáspár Miklós, dit « TGM » dans tout l'Empire, de la Transylvanie roumaine où il a grandi à l'intelligentsia viennoise dont il est bien connu.

Dès l'interphone, au son de sa voix, je l'avais senti de mauvaise humeur, et il l'était. Qu'est-ce qui se passe ? « La routine, m'avait-il dit. Je viens de dire adieu à un ami, un de plus, qui quitte le pays. Il a trouvé un poste en Asie et, bien sûr, il s'en va. » Beaucoup d'autres me l'ont dit, l'émigration des intellectuels est toujours plus forte parce que les universités hongroises sont toujours moins ouvertes aux oppositionnels, que l'atmosphère est trop lourde et que l'intention déclarée d'Orbán de refaçonner la vie culturelle en inquiète plus d'un. Slalomant en robe de chambre entre les piles de livres à même le sol, TGM était sombre mais mes interrogations sur la recomposition politique de l'Empire lui ont fait oublier ce triste dimanche.

Tout à sa science, l'historien qu'il est m'expliquait que les soutiens de l'unité impériale avaient été l'Église catholique, l'armée, la social-démocratie et la bourgeoisie juive : l'Église car la famille impériale était catholique, l'armée car elle n'aurait pas été grand-chose sans l'Empire, la social-démocratie et la bourgeoisie juive parce que l'une et l'autre se méfiaient autant que la Cour des nationalismes et appréciaient l'occidentalisme et la volonté modernisatrice des Habsbourg. Son cours fourmillait de détails sur les secrets d'alcôve viennois, de citations de ministres dont je n'avais jamais entendu parler et de figures du socialisme dont je connaissais à peine le nom. Je me suis rarement senti aussi ignorant. « Quoi ? Toi, tu ne savais pas que l'empereur était francmaçon ? » Ce formidable prof, un rêve de prof, m'entraînait dans l'Empire et des siècles déjà lointains mais... En quoi tout cela explique-t-il, ai-je fini par lui demander, que les frontières de l'ensemble politique formé par ces gouvernements nationalises recoupent autant celles de l'Empire ?

Si j'avais été son étudiant, je me serais fait coller une sale note. « Mais tu ne comprends pas que la situation est la même ? m'a-t-il répondu en soupirant sur le recul de l'intelligence. Tu ne vois pas que tous ces gens, y compris à Vienne, ont la même détestation de Bruxelles que celle qu'ils avaient de la Cour ? Ils sont nationalistes, obtus, réactionnaires et Bruxelles veut leur imposer des normes et des valeurs qui ne sont pas les leurs exactement comme la Cour aspirait à consolider l'Empire en dépassant les nationalismes et tentait de leur imposer une modernité qui les horrifiait. C'est le même conflit ! Rien n'a changé, sauf que là, maintenant, l'Allemagne a changé de camp, qu'elle a remplacé l'Angleterre, aux côtés de la France, dans le front libéral et que ça les rend fous... »

Redevenu sombre, TGM s'est alors laissé aller à une évocation du passé dont les leçons politiques étaient claires. « Je n'ai pas à regretter d'avoir été dissident, m'a-t-il dit. Nous combattions une dictature et notre révolte était morale mais lorsque ce régime, en 1981, m'a limogé de l'enseignement supérieur et envoyé travailler comme bibliothécaire dans un arrondissement ouvrier de Budapest, j'ai pris une gifle en découvrant une réalité que je ne connaissais pas. Les gens venaient prendre des livres, beaucoup de livres, de vrais bons livres de grands romanciers et des essais aussi, essentiellement historiques. Les ouvriers lisaient. Ils avaient une vie que je n'aurais pas aimée pour moi avec les voyages en RDA, les sorties organisées et tout ce rituel du régime mais ils étaient respectés et ressentaient une fierté plébéienne qui a aujourd'hui disparu dans un système de classes qui les méprise ouvertement. Aujourd'hui, m'a-t-il dit, les ouvriers disent

« nous, le petit peuple » car c'est ce qu'ils sont redevenus et j'ai réalisé, moi, que la propagande communiste n'était que partiellement mensongère car il y avait dix-sept bibliothèques dans cet arrondissement ouvrier, contre combien aujourd'hui ? Dis-moi un chiffre »…

Il n'y en avait plus qu'une, une seule et, sur le pas de la porte, TGM m'a murmuré : « J'étais devenu libéral, je ne le suis plus. Il faut savoir reconnaître une défaite : nous avons perdu. » « Nous », c'étaient les anciens dissidents, les démocrates, les occidentalistes, « les soixante-huitards », disait Orbán dans son discours du 28 juillet, et je suis allé commencer à écrire dans mon Airbnb. J'ai déplacé la table, modifié l'éclairage, fait un nescafé que j'ai arrosé d'une tranche de jambon. Toutes les chambres d'hôtel où j'avais fait cela jeune reporter me sont revenues à l'esprit. Cette maniaquerie n'est qu'un recul avant l'épreuve mais, splendeur des Károlyi et défaite de TGM, il ne m'a pas fallu la nuit pour coucher mes dernières trente-six heures sur l'écran de mon portable.

Plus de savoir-faire et beaucoup plus de papiers quotidiens, j'écris plus vite qu'à vingt ans. L'enchaînement, surtout, m'avait marqué. À 2 heures, je dormais mais à 5 heures, j'étais réveillé, honteux de ce que je relisais, dépité de me trouver si nul, long, bavard et byzantin. Je n'étais plus reporter, c'est sûr. Je ne savais plus faire que des chroniques de deux mille huit cents signes, deux minutes cinquante. Il valait mieux rembourser l'avance à Flammarion et disparaître sans laisser d'adresse. Le jour se levait. J'allais pouvoir appeler Catherine et lui annoncer qu'on quittait Paris pour la Nouvelle-Zélande mais le sens du ridicule m'est revenu. J'ai enregistré « Budapest1 » en me disant que ce n'était pas pire que les dix-huit débuts dont j'emplissais ma corbeille au temps du papier, que je n'avais jamais su trouver l'accroche du premier coup et qu'il serait tout de même temps de ne plus être aussi fragile.

J'ai relu une seconde fois, détaché quelques paragraphes, pas si mal en fait, que je pourrais utiliser en y mettant un peu plus de respiration et suis entré sous la douche. Plus je m'habituais à la chaleur, plus je l'augmentais et me détendais et, repensant à ce que m'avait dit TGM, je n'ai pas trouvé de contradiction entre sa thèse et la mienne, celle que je m'étais bâtie en août, à Saumane-de-Vaucluse, en préparant ce reportage.

J'avais vu les racines historiques de ce ressentiment contre l'Occident dont je découvrais, à Budapest, qu'il s'affirmait maintenant en anti-occidentalisme déclaré. TGM m'en avait fait voir une autre dimension, fondamentale, cette commune hostilité à la volonté modernisatrice des Habsbourg. Le même rapport avec Bruxelles qu'avec la Cour impériale hier, me disais-je en me rinçant les cheveux, oui, c'est vrai, et cela fait bien trois Europe pour un seul continent, l'Europe russe, l'Europe centrale, anciennement austro-hongroise, et l'Europe occidentale. Tout cela s'emboîtait parfaitement bien mais n'expliquait pas tout car, de Vienne à Rome, ces pays qui furent l'Empire, en tout ou partie, ont bien d'autres points communs.

Tous, d'abord, aspirent à un pouvoir fort, l'Italie parce qu'elle n'en peut plus de ses décennies d'instabilité politique, la Pologne et la Hongrie parce qu'elles voudraient revenir à la protection de l'État après la tourmente de la transition, l'Autriche parce que la tranquillité qu'elle avait su s'aménager, durant la guerre froide, en État neutre, presque tampon, est évidemment menacée par la nouveauté des temps présents. Fatigue et crainte du changement, tout les pousse dans les bras de l'ordre, et puis il y a le passé.

L'Italie fut Rome et modela le monde. À la taille et la majesté de Vienne, on sent jusqu'aujourd'hui, à chaque carrefour, ce que fut la splendeur de l'Empire. La Hongrie n'a pas seulement perdu les deux tiers de son territoire mais fut une grande puissance avant que les Ottomans puis les Habsbourg ne s'en emparent. Unie au Grand-duché de Lituanie, la Pologne fut longtemps le plus étendu des États d'Europe et avait même occupé Moscou, deux ans durant, au début du XVIIᵉ siècle.

Sourdes à Vienne, violentes à Budapest, sensibles à Varsovie et montantes à Rome, les douleurs de l'amputation se sont réveillées dans ces quatre pays qui se souviennent soudain de ce qu'ils furent car pourquoi ne pourraient-ils pas le redevenir un peu alors que tout change, partout et si vite ? Les États-Unis se retirent sur leurs frontières pour se consacrer tout entiers à leur empoignade avec la Chine. La Russie reprend pied en Ukraine et fait sentir sa force aux Baltes et aux Géorgiens. La Chine redevient l'Empire du Milieu mais du milieu du monde et non plus de la seule

Asie. L'Iran œuvre à venger la destruction de la Perse par les invasions arabes afin de supplanter l'Arabie Saoudite comme première puissance du Proche-Orient.

Tout change car la rupture de l'équilibre instauré par la guerre froide, l'émergence de l'Asie et le recul relatif de l'Occident ont ouvert une page blanche sur laquelle aucun jeu d'alliances n'est plus impossible, notamment pas entre l'Europe centrale et la Russie. Histoire oblige, c'est une chose que la Pologne ne peut pas même envisager mais le FPÖ, le Fidesz, la Lega et leurs leaders, eux, le peuvent, le font, le disent, et ce n'est pas tout.

Italie comprise, l'Europe du centre est profondément lasse de la prééminence de ces Occidentaux qui n'ont cessé de la traiter en région de second rang, de modifier ses frontières et de lui imposer leurs règles, leur influence et leur universalisme. Redécoupée et abaissée par l'Amérique et la France il y a un siècle, si largement abandonnée à Staline vingt-cinq ans plus tard et reléguée à la table des enfants au sein de l'Union européenne, cette marche de l'Occident gronde d'un anti-occidentalisme visant, avant tout, la France.

Peu de Français le savent mais la Grande-Bretagne voguant vers l'inconnu et Donald Trump partageant et encourageant leur nationalisme, les nouvelles droites centre-européennes voient en la France leur premier adversaire parce qu'elle continue, l'impudente, à se croire la lumière du monde et à vouloir bâtir une Europe politique à laquelle les gouvernements autrichien, hongrois, polonais et italien ne désespèrent pas que l'Allemagne renonce. À leurs yeux, la France est le mauvais génie politique d'une Allemagne dont la centralité économique et géographique fait un indispensable allié qu'il s'agit de ménager en attendant que Berlin connaisse des jours meilleurs et moins français.

Même lorsqu'elle le critique et le condamne, Viktor Orbán colle à l'Allemagne qui investit dans son pays à tour de bras. Il cajole la Russie, vénère Trump et déteste Emmanuel Macron, son discours de la Sorbonne, sa vision de l'Europe et sa dénonciation du nationalisme. Figure dominante de l'autre Europe, Viktor Orbán est au cœur d'une bataille, la première des batailles, qui ne fait que commencer. Il était vraiment temps que j'aille voir ses semblables de Rome, de Vienne et de Varsovie mais, habillé, rasé, coiffé, j'avais encore le temps d'un café croissant au coin de la rue.

Conversation en sabir franco-anglo-russe avec un Italien qui me dit être venu à Budapest pour y ouvrir son énième salon de beauté de l'ancien bloc. « Oui, ça va, répond-il. Il faut partout distribuer des bakchichs, pour tout, surtout à Moscou, mais ça tourne bien, très bien » et son épouse, une Russe, enfin, non, corrige-t-il, une Soviétique, une Géorgienne, l'aide beaucoup. « Et vous ? Que faites-vous à Budapest ? » J'ai menti. Pas envie d'éveiller la curiosité que ce mot de « journaliste » suscite toujours et d'expliquer, en plus, que j'ai abandonné la radio car le monde a changé de base depuis 2016.

Pour la prise de tête, une par jour suffira. Tourisme, ai-je dit à l'Italien qui partait sur son chantier. J'ai repris un double express et suis remonté boucler ma valise, jean et col roulé de rechange, collection de Bic, deux carnets neufs et l'ordi. Le temps de me refaire un nescafé et je suis dans le taxi pour l'aéroport, direction Varsovie où m'attendent Alik et Irène.

# L'enquête polonaise

Dans les années soixante-dix, Alexsander Smolar, Alik pour ses proches, était l'un des deux représentants de la dissidence polonaise en France. Vivant désormais entre Paris et Varsovie, il préside le creuset intellectuel du libéralisme politique en Pologne, la Fondation Batory, laboratoire d'idées qui bénéficie du soutien de George Soros, comme la CEU à Budapest. Je comptais sur lui pour guider mes pas mais il partait malheureusement pour je ne sais plus où.

De la seule heure qu'il avait pour moi, dense, si dense, des pages de notes presque illisibles tant il parlait vite, les trois choses qui m'ont le plus frappé étaient, premièrement, que l'opposition était beaucoup plus décidée, massive et mobilisée en Pologne qu'en Hongrie ; deuxièmement que le rejet de l'Occident était tout aussi fort dans la droite polonaise qu'au Fidesz et, troisièmement, qu'un homosexuel, jeune quarantaine, maire de Słupsk et ancien député, était la nouvelle star de la scène politique, l'homme qui portait les espoirs de beaucoup des mouvements de contestation et d'une grande partie de la jeunesse.

La force de l'opposition, je savais. Le rejet de l'Occident, en Pologne, je l'apprenais après l'avoir subodoré mais la montée politique d'un militant de la *gay liberation* polonaise, connu comme tel et partageant sa vie avec un autre homme – ça, je ne pouvais pas y croire car, enfin… Il y a presque cinquante ans que je connais ce pays. J'y ai vécu près de quatre ans et c'était comme si Alik me disait que le pape venait d'épouser un cardinal au bras duquel il était entré à Saint-Pierre pour la bénédiction nuptiale. Des homosexuels, il y en a toujours eu en Pologne, comme partout, mais il était impensable d'en parler et, plus encore, de sortir du placard. Hors du milieu artistique, le tabou était absolument absolu, et maintenant ?… Vraiment ?

« Ce n'est plus le même pays, tu verras », m'a dit Irène, économiste et épouse d'Alik. Irène est une tête politique dont l'avis a toujours compté pour moi et le fait est qu'il m'a bien fallu deux jours pour intégrer cette nouvelle Pologne qui a, d'un coup, pris deux tournants totalement opposés, conservateur et réactionnaire d'un côté, féministe, vert et libertin de l'autre. D'un côté, c'est la répudiation du XVIIIe siècle, comme à Budapest ; de l'autre, c'est le XVIIIe recommencé avec une frénésie de tolérance et de liberté, comme dans l'Espagne de la *movida* postfranquiste.

J'exagère puisque la *movida* est tout de même moins ardente à Varsovie qu'elle ne le fut à Madrid et Barcelone mais j'exagère peu car aucun des courants de l'opposition des années soixante-dix n'aurait eu un porte-parole tranquillement efféminé ou une lesbienne venant en couple à ses rendez-vous. Je n'exagère qu'un peu, pas plus qu'une licence poétique, car le nombre de jeunes Polonais partis faire leurs études ou travailler à Londres, Paris, New York ou Berlin est tel qu'il a multiplié les couples binationaux dans la classe moyenne, commencé d'équilibrer la répartition des tâches entre hommes et femmes, accéléré l'occidentalisation des comportements et totalement banalisé le jeune papa promenant ses enfants au jardin ou portant un bébé sur son ventre.

Le réac est en hausse mais le macho en baisse. Pour les portefeuilles boursiers, j'ignore ce que ça donnera mais, dans cette ville dont chaque rue ou presque, chaque quartier certainement, m'évoque des moments si forts que je l'aime d'un amour fou, rien n'est plus pareil. Non seulement les gens ont changé mais, humanisée par ses terrasses, la ville s'est incroyablement embellie. Il n'y en avait nulle part il y a trente ans. Il y en a partout aujourd'hui, pauvrettes ou luxueuses, devant les bouis-bouis et les grands hôtels, les bars et les boîtes, protégées ou en plein vent mais bourrées, toujours bourrées de jeunes garçons et filles qui n'étaient pas nés quand le mur est tombé.

Je les regarde. Ils ont l'âge que j'avais sur les barricades du mois de Mai ou, pour les plus vieux, lorsque je suis arrivé au chantier Lénine, à Gdańsk, la nuit où tout a commencé. Soustrayons... Calculons... Trente ans plus tôt, en Mai, c'était pour moi l'entrée des troupes allemandes en Pologne. À Gdańsk, trente ans plus tôt, c'était pour moi la libération de Paris. C'était la guerre, en un mot, pour moi tellement lointaine quand j'avais leur âge et, trente ans plus tôt, ce sont pour eux les toutes dernières années du communisme, réduit à trois idées reçues ou deux souvenirs de famille, déjà tellement oublié car ils ne l'ont pas plus vécu que moi, la guerre.

Je les regarde et, dans la fumée des clopes, au milieu d'océans de vélos car les jeunes Varsoviens circulent à vélo, les terrasses sonorisées me crient sur des refrains anglais que trente ans, c'est une génération, un autre monde, tout aussi différent de la Pologne que j'avais connue que Mai 68 l'était du Paris libéré par la II$^e$ division blindée du maréchal Leclerc avant que le général de Gaulle ne descende les Champs-Élysées.

Je les regarde et j'ai envie de fuir tant leur jeunesse me dit que troisième vie ou pas, ma vie s'achève. Je les regarde et pense à tous mes amis morts, à Geremek, à Mazowiecki, à Kurón, à Jurek et Jan Strzelecki, à Marek Edelman, à Janka Zakrzewska, à Annette Watle et tant d'autres. Je les regarde et des images polonaises d'avant ma naissance m'envahissent, les otages que les Allemands ne fusillaient aux carrefours qu'après leur avoir plâtré la bouche pour les empêcher de crier « Vive la Pologne ! » ; Varsovie insurgée, héroïque, assassinée tandis qu'à portée de fusil l'Armée rouge restait arme au pied pour laisser les nazis lui dégager la place et, bien sûr, évidement, l'insurrection du ghetto, désespérée, totalement vaine, mais immense, inouïe, puisque ceux-là sont morts les armes à la main, forçant jusqu'aujourd'hui l'admiration de tous ou, du moins, de tous ceux qui s'en souviennent.

Je les regarde et me dis que cette Pologne-là, celle du nazisme suivi du communisme, celle qui m'a toujours tant fasciné car elle fut terre de résistance à l'un puis à l'autre, eh bien oui, cette Pologne n'est plus et tant mieux – enfin ! –, car il serait obscène d'en cultiver la nostalgie. Je les regarde et me souviens soudain de ce jour des années deux mille où, planchant, au Sénat, à Paris, sur les évolutions de ce pays devenu ma seconde patrie, j'avais conclu par ces mots : « La Pologne héroïque est devenue un pays banal et... » Je ne savais pas si je devais dire ce que j'avais en tête mais je l'ai dit : « ... Et le droit à la banalité est, sans doute, l'un des droits de l'homme, tout aussi fondamental que les autres. »

Je les regarde et, moins Alceste et plus sage, finis par entrer boire un verre parmi eux, sans plus de furie, comme on en vient, un jour, à accepter de vieillir. Je bois avec eux et revis cet après-midi du printemps 2012 où Marcin Geremek m'avait emmené voir la plaque apposée sur l'immeuble où avait vécu son père, ce héros : « Je te traduis ? » Non, mon polonais suffisait. J'avais compris. Gravé dans le marbre, enterré dans la pompe d'obsèques nationales, Bronek, le professeur Bronisław Geremek, l'enfant du ghetto, le communiste, le dissident, le conseiller politique de Walesa, le ministre des Affaires étrangères, cet homme que j'ai si passionnément aimé, était mort, vraiment mort. À deux pas de cette plaque, Marcin et moi étions allés boire un whisky, en terrasse déjà, puis un second que nous avions accompagné d'un carpaccio, le premier que j'aie mangé de ma vie et que je n'aurais sans doute pas commandé ailleurs que dans le post-communisme polonais.

Marta Tycner m'avait donné rendez-vous à 9 heures, place des Trois-Croix, là même où, sous l'état de guerre... Non ! Pour les souvenirs, ça ira comme ça. C'est à l'automne 2018, pas trente-sept ans plus tôt, que cette militante de Razem, le Podemos polonais, m'attend en terrasse, mince, très droite, d'aspect plutôt sévère, et elle a presque ri quand je lui ai demandé si ce pouvoir lui faisait peur. « Mais non, voyons ! Il n'y a pas de prisonniers politiques, pas de disparitions forcées et il n'y aura rien de tout cela tant que nous continuerons à nous battre. » Mais tout de même, cette droitisation de l'Europe centrale, un pays après l'autre, ça ne vous inquiète pas ?

« Vous savez, m'a-t-elle répondu, je viens d'une famille de droite. Il n'y a pas de grandes différences entre Kaczyński et mon père. Le conservatisme du PiS est celui dans lequel j'ai grandi et, si je n'ai pas peur de mon père, pourquoi aurais-je peur d'eux ? » Ce qui l'effraie en Pologne, c'est bien plutôt la pauvreté, l'injustice, les gens expulsés de chez eux, la multiplication des contrats précaires, le rejet des réfugiés, alors que les attaques contre l'indépendance de la justice, ces attaques qui ont fait descendre dans les rues d'immenses foules mobilisées par la défense des libertés polonaises, ces attaques… Marta observe un silence, hésite un peu mais ajoute, me regardant droit dans les yeux : « Quand ils se sont attaqués à la magistrature, j'ai presque été bluffée. Il fallait n'avoir peur de rien pour faire ça, mais ils l'ont fait et pourquoi aurais-je défendu ces juges ? »

Comme elle me posait la question, je lui ai dit que le problème n'était pas ce qu'elle pensait de la magistrature, pas plus de ses jugements que des arrêts de la Cour suprême, mais la violation de la Constitution par un pouvoir qui s'asseyait dessus. « Je ne suis pas à 100 % d'accord avec cette Constitution », m'a-t-elle rétorqué. Aïe, aïe, aïe ! On n'était pas très loin des « libertés formelles » et de la « démocratie bourgeoise », des dangereuses fadaises qui m'avaient fait fuir le gauchisme il y a un demi-siècle. J'avais envie de protester car, Montesquieu, la séparation des pouvoirs et tant de luttes pour l'État de droit, depuis tant de siècles, hier encore sous le communisme, et en arriver là !

Devant ces parallèles qui se rejoignaient, nouvelles gauches et conservatisme réactionnaire communiant dans le mépris de l'indépendance de la justice, j'ai protesté car, enfin ! On peut vouloir modifier une constitution mais, tant que ce n'est pas fait, constitutionnellement fait, on la respecte ! Trois secondes de réflexion, et elle me l'a accordé.

Je crois m'être inquiété trop vite. L'ombre du bolchevisme ne pèse pas plus sur Razem que sur Podemos mais tout comme il y a une fatigue des deux grandes forces politiques de la démocratie européenne, il y a un dédain croissant des grands principes sur lesquels s'est fondée la liberté. Ils coexistent, c'est vrai, avec tant d'injustices qu'on en arrive à sous-estimer leur importance et à les confondre avec l'ordre établi. C'est ce qui peut conduire une militante de gauche comme Marta à être « bluffée » par la violence que le PiS fait aux institutions car, après tout...

La victoire de ces conservateurs, me dira-t-elle, ces gens dont tout la sépare mais qui viennent de mettre fin, en 2015, aux huit années de pouvoir d'un parti devenu attrape-tout après avoir été thatchérien, la Plateforme civique, parti totalement respectueux des libertés mais plus sensible aux équilibres budgétaires qu'à la question sociale, eh bien cette victoire du PiS ne l'a pas fait pleurer car la défaite de la Plateforme suscitait en elle une joie mauvaise, une « *Schadenfreude* », a-t-elle dit en allemand, une joie du dommage fait à ceux qu'on n'aime pas.

Marta me racontait maintenant sa découverte de la gauche quand elle faisait ses études dans je ne sais plus quelle université allemande – je ne l'ai pas noté. Elle avait alors compris que la gauche ce n'était pas le communisme mais l'exigence de justice et, rentrée à Varsovie, elle avait été séduite par Razem qui veut, m'explique-t-elle, « *rebrand socialism* », difficile à traduire, disons changer l'image du socialisme et le doter d'un autre nom, d'une nouvelle marque, afin de pouvoir en refaire une tête de gondole dans un pays où il ne peut plus avoir beaucoup d'attraits. C'est Podemos qui a inspiré cette entreprise, Podemos qui était lui-même inspiré par l'*Indignez-vous !* de Stéphane Hessel avec lequel je m'étais lié d'amitié dans les batailles anticommunistes des années soixante-dix.

Bien que son nom signifie « Ensemble » en français, Razem avait donc refusé, aux dernières législatives, de faire front avec le SLD, l'ancien PC qui, comme les communistes hongrois, même trajet, mêmes étapes, était devenu très libéral à la chute du mur avant de jouer, maintenant, sa carte à gauche, une gauche genre travailliste, mais moins Blair que Corbyn. Razem avait obtenu 3,6 % des voix, pas énorme mais pas si mal pour un début et assez pour recevoir des fonds publics et s'installer sur la scène politique.

« L'espace de la gauche s'est rouvert en Pologne, continue Marta. Il est étroit mais réel. Les idées de la gauche renaissent et si elle mettait le droit à l'avortement en tête de ses propositions, elle pourrait gagner en 2019 car la majorité des Polonais, croit-elle, y est désormais favorable. »

Féministe, évidemment féministe, Marta est convaincue que les conservateurs se casseront les dents sur les femmes car aucune d'entre elles, dans aucun milieu, n'acceptera de se laisser renvoyer à la cuisine. Au programme de Razem, il y a du social et du sociétal, gauche moderne avec le mariage pour tous, l'avortement et l'accueil des réfugiés de guerre, gauche historique avec l'augmentation du salaire minimum, un taux d'imposition de 75 % sur les revenus les plus élevés ou l'interdiction des expulsions sans relogement. C'est une gauche en gestation, et puis il y a Biedron, le maire gay dont Alik m'avait parlé à mon arrivée, qui fait un tour de Pologne, une ville après l'autre, pour s'organiser et monter en puissance, Biedron qui séduit Marta mais qui la décevrait en se rapprochant, car on en parle, d'Emmanuel Macron puisqu'elle est, pour sa part, proche de Varoufakis et Hamon, « oui, votre Hamon, le Français ».

Place des Trois-Croix, je ne m'attendais pas à tomber sur les courants les plus à gauche des social-démocraties grecque et française mais si les communistes étaient marginaux dans la Pologne d'avant-guerre, les socialistes y étaient nombreux et influents. Même lorsqu'on croit un temps révolu, il ressurgit des mémoires collectives et, tandis que je payais nos cafés, Marta m'a demandé : « Vous avez connu Krzysztof

Wolicki ? » Krzysztof ? Quelle question ! C'était un très cher ami, pilier de Solidarité clandestine et résistant communiste, pendant la guerre, en plein Berlin, oui, sous le nazisme, à Berlin ! Je parle d'ailleurs de lui, ai-je ajouté, dans un livre écrit en 2016, *Dans l'ivresse de l'Histoire.* « Dommage que je ne lise pas le français, m'a dit Marta, car Krzysztof était le père de mon premier mari. »

Je sentais bien qu'à ses yeux, j'avais aussi fait la guerre mais ce n'était pas pire que l'étudiant qui m'avait dit la veille : « Je sais ce qu'a été votre rôle du temps de Solidarité... Mon grand-père m'avait parlé de vous. » Dans la rue en biais, à droite, je me suis arrêté devant le père fondateur de la dissidence polonaise, Jacek Kurón, ancien communiste resté très à gauche et qui était devenu, dans ses dernières années, l'homme le plus populaire du pays. Taillé dans la pierre d'une gigantesque plaque, son regard me fixait intensément, mais que lui dire ?

Que l'opposition est aussi dispersée en Pologne qu'en Hongrie ? Que la gauche et les démocrates, les héritiers des Lumières, les libéraux en un mot, se cherchent partout sans plus se trouver en Europe qu'aux États-Unis ? Que les nationalistes et la réaction, mais oui, ont le vent en poupe et que leur heure est revenue, bien sûr ? Je ne sais pas si Jacek a lu dans mes pensées mais je lui ai dit adieu d'un sourire de tendre impuissance avant de remonter Jerozolimskie et de tourner à gauche sur Marszalkowska.

Du carrefour des deux avenues, on voit bien le Palais de la Culture, le cadeau de Staline qu'on finira par trouver beau mais dont on dit encore que le plus heureux des Polonais est son gardien car il ne le voit jamais. La nouvelle Varsovie l'a entouré de tours audacieuses dont l'architecture futuriste estompe sans l'effacer cette trace du passé. Il n'y a pas que les terrasses qui aient embelli Varsovie car ses architectes ont du talent, comme les graphistes, les acteurs et les metteurs en scène de ce pays de créateurs. Quelques pas encore et, nouvelle terrasse, me voilà face à Bogumił Kolmasiak d'Action démocratique, autre mouvement de gauche, tout nouveau, sans élus mais excellant dans l'organisation de manifestations et protestations citoyennes via les réseaux sociaux.

Dégaine d'étudiant fauché mais tête politique et frisant la quarantaine, Bogumił m'explique que, créé en 2015 pour contrer le PiS, son mouvement s'inspire de la première campagne d'Obama et « n'est ni de droite ni de gauche mais progressiste ». Action démocratique, dit-il, défend l'État de droit, les droits de l'homme, la justice sociale et l'environnement. « D'accord, ça sonne de gauche, admet-il, mais on est en Pologne, dans la Pologne post-communiste où l'on peut difficilement se dire de gauche sans passer pour communiste, et puis nous voulons, ajoute-t-il, pouvoir faire front avec les libéraux. Vous comprenez ? »

Je ne pouvais que comprendre puisque le débat est partout le même, aux États-Unis comme dans les deux Europe, centrale et occidentale. Partout, la gauche se demande si elle doit continuer d'arrondir les angles et mettre son drapeau social en poche afin de faire bloc avec le centre-droit et les néo-libéraux ou si le meilleur moyen de contrer la vague réactionnaire n'est pas, au contraire, de relancer les revendications sociales et de renouer avec l'histoire du mouvement ouvrier afin de ne pas laisser l'extrême droite continuer à se rallier l'électorat populaire.

En Hongrie, un jeune économiste m'avait dit dans un quartier d'affaires ultra-moderne des hauteurs de Buda : « Plus la gauche occidentale continuera de se recentrer, de faire du Blair, du Schröder, du Clinton, du Macron maintenant, plus les ouvriers et les laissés-pour-compte voteront facho et plus Orbán, Kaczyński et Salvini prospéreront sur les décombres de la social-démocratie avant que leurs émules ne prennent les commandes à Paris et Berlin. » Il me l'avait dit avec une rage froide, la même que celle qui habitait Gyurcsány Ferenc, l'ancien Premier ministre socialiste, lorsqu'il m'expliquait, huit jours après, dans les combles aménagés d'un vieil immeuble de Pest, pourquoi il avait rompu avec son parti. À ses yeux, le régime Orbán n'était ni « hybride » ni « mafieux ». Non, disait-il, c'est une « dictature qui s'emploie à détruire tous les contre-pouvoirs »...

Je l'avais interrompu. Est-ce que vous n'exagérez pas ? Il y a des hebdos d'opposition en Hongrie, et même un quotidien... Il m'avait regardé, effaré : « Ah oui ? Et vous avez déjà lu, dans ce quotidien, un article sur la fortune de M. Orbán ou celle de ses amis ? Et vous savez qui est propriétaire de ce quotidien que vous dites d'opposition ? » Je ne l'ignorais pas. Ce journal appartient à un ami personnel de Viktor Orbán qui s'était laissé convaincre par sa Première conseillère, Hegedűs Zsuzsa, qu'il ne fallait pas que toute la presse quotidienne nationale soit clairement gouvernementale. « Et vous avez lu la presse de province, celle qui compte ? poursuivait Gyurcsány Ferenc. Vous avez déjà regardé la télévision publique ou étudié la modification des circonscriptions depuis 2010 ? Et savez-vous combien il est difficile à l'opposition de trouver une salle à louer pour un meeting électoral alors même qu'il y a déjà une différence abyssale entre les moyens dont elle dispose et ceux du pouvoir ? » Cet homme qui m'a dit n'avoir plus aucun espoir de revenir aux affaires alors qu'il n'a que cinquante-huit ans aurait donc souhaité que son parti ait « une crédibilité suffisante pour pouvoir s'agréger d'autres formations » et ravir la majorité à la droite orbaniste, l'ébranler au moins, mais que ses amis avaient préféré opérer un tournant à gauche et que c'était la folie de ce choix qui l'avait conduit à claquer la porte et fonder un nouveau parti.

Quelle analyse est la bonne ? La réponse n'est pas évidente. Comment savoir car, en France, vaut-il mieux Macron ou Mélenchon pour contrer Mme Le Pen ? Où est l'efficacité ? Et aux États-Unis, contre Trump, vaut-il mieux une Hillary Clinton ou un Bernie Sanders ? Et en Pologne, contre le PiS, vaut-il mieux Marta, la tentative de réaffirmation identitaire de la gauche, ou bien la construction d'une large coalition démocratique, comprenant nécessairement la Plateforme qui reste forte de quelque 25 % d'électeurs et d'une légitimité qui a permis d'empêcher que les grandes villes ne passent, en octobre, aux candidats de Jarosław Kaczyński ?

Autour de nous, il n'y avait que des jeunes gens, buvant des jus de légumes frais aux racines de je ne sais quoi. Depuis sa sortie du bloc soviétique, la Pologne s'est beaucoup tournée vers sa façade baltique. Scandinavie, Allemagne ou Pays-Bas, elle s'est inscrite dans l'Europe du Nord et, avec leurs vélos, leur gentillesse et les vieux canapés défoncés de leurs bistros préférés, ces gamins font décidément suédois, berlinois ou néerlandais. À Varsovie, j'étais à Amsterdam et condamné à l'anglais, comme à Budapest ou Berlin, car la Pologne francophone, celle dans laquelle j'avais vécu en ne parlant que français, a totalement disparu. « Ce n'est pas la Hongrie, me disait Bogumił, nous pouvons les battre, nous pouvons gagner, mais il nous faut une gauche forte », assez forte, voulait-il dire, pour constituer une alliance majoritaire avec Plateforme.

Comme Marta, Bogumił m'avait pas mal désarçonné. Pardon, j'ai tort, mais je n'arrivais pas à les prendre plus au sérieux que des lycéens à leur première manif tant leur découverte de la politique me semblait encore adolescente, mais que dire de l'autre Marta, Marta Lempart ? Nous avions eu du mal à nous retrouver car nous nous attendions dans deux cafés différents d'une même chaîne. Elle n'avait plus beaucoup de temps pour moi, crachait à une vitesse folle des nombres records de villes et villages où son organisation, les comités civiques, était implantée, organisait les femmes, préparait les élections, appelait à l'interdiction des « mouvements fascistes », non, pas du PiS, des « vrais mouvements fascistes », et dénonçait le silence de l'Église sur la pédophilie de trop de ses prêtres.

Ce sont ses amis, hommes et femmes, qui avaient inventé d'accrocher des chaussures d'enfants à l'entrée de quatre-vingt paroisses pour briser le non-dit. Vraiment ?... Et comment ont réagi les paroissiens ?... « Eh bien, c'est passé, dit-elle, et très bien car on peut aujourd'hui dénoncer l'épiscopat en Pologne. » On le peut non seulement dans les villes mais aussi dans les campagnes et *Kler* (« Clergé »), film à charge contre les turpitudes de l'Église, luttes de pouvoir et pédophilie, liaisons cachées et corruption, a fait un tabac dès sa sortie, mieux qu'un James Bond, queues à n'en plus finir, discussions dans tout le pays et profil bas de la Conférence épiscopale qui a préféré ne pas faire grossir la polémique.

Alliée du PiS, l'Église souffre de ne plus incarner qu'une moitié de la Pologne après avoir incarné la nation dans l'Histoire et la liberté sous le communisme. Elle souffre d'avoir un bon demi-siècle de retard sur l'évolution des mœurs et de ne pas du tout aimer le pape François qui est, en revanche, adoré de l'opposition polonaise car il est l'autre Église, celle à laquelle on aspire et à laquelle s'identifiait Paweł Adamowicz, le maire assassiné de Gdańsk. En Pologne, l'anticléricalisme aussi est une valeur en hausse et cette révolution n'est pas étrangère, pas du tout, à la popularité de Robert Biedrón qu'évidemment, Marta Lempart adore. « Il est très ouvert, dit-elle, et sait parler à tout le monde, directement, simplement, dans ce pays qui n'était jusqu'à présent fait que pour ceux qui réussissaient », autrement dit les gagnants de la transition.

Attention aux automatismes !

Maire homosexuel et féministes de choc font immédiatement penser bobos et classes moyennes urbaines mais la réalité est bien plus complexe car ce maire sait plaire à l'électorat populaire (« C'est leur gay », me dira un politologue) et le féminisme polonais, comme en Hongrie d'ailleurs, combat une telle offensive contre les femmes qu'il pèse désormais lourd sur l'échiquier politique. Sur ce point, les deux Marta se rejoignent mais, en cela très américaine, Marta Lempart ne connaît pas de camps en politique mais seulement des causes. Autant elle combat le conservatisme du PiS, autant elle lui reconnaît, spontanément, le mérite de préoccupations sociales que la Plateforme n'avait pas. Anticléricale et lesbienne, une sorte de sorcière pour toute une partie du pays, elle raconte pourtant comment elle a travaillé avec des élus locaux du PiS à soulager bien des misères de « gens qui étaient abandonnés et qui ont eu raison, c'était rationnel, de voter Kaczyński ».

« En fait, dit-elle avant de filer, ce qui compte aujourd'hui dans la vie politique polonaise est d'être anti-establishment. » Marta ! Voyons ! Il n'y a pas qu'en Pologne... Elle a acquiescé d'un sourire. Elle ne l'ignorait pas. Elle lit, voyage et connaît le monde mais la particularité centre-européenne est que le PiS et le Fidesz s'expriment et se comportent toujours comme s'ils étaient dans l'opposition, opprimés, censurés et persécutés par des libéraux et des communistes tout-puissants, sans parler d'Angela Merkel, Jean-Claude Juncker et Emmanuel Macron.

Sous le communisme, tout était simple.

Il y avait « eux » et « nous », les communistes et les démocrates dont les nuances politiques – un échiquier complet, des guévaristes aux plus conservateurs – n'étaient que secondaires tant l'adversaire commun était fort. La démocratie advenue, l'ancienne dissidence a été plébiscitée car c'était elle qui avait combattu l'ancien régime mais la thérapie de choc qu'elle a eu le tort, l'obligation ou les deux de conduire a brouillé les cartes. Non seulement la dissidence en a été simplement éliminée de la scène politique mais la gauche d'où elle venait, le néo-libéralisme qu'elle avait adopté et le libéralisme tout court, les libertés, les Lumières, la démocratie, ont été confondus dans un même repoussoir avant d'ouvrir la voie au nationalisme le plus réactionnaire.

Les nationalistes ont profité de cette confusion générale car, dans la perception commune, les politiques d'assainissement des comptes publics, c'était Bruxelles et l'Europe, la « nouvelle Union soviétique », tandis que l'immigration, le mariage gay et le recul de la religion, c'était l'Occident franco-allemand auquel il fallait opposer les traditions nationales de la Pologne ou de la Hongrie.

Varsovie n'est pas Budapest, pas du tout. La grande différence est que la démocratie polonaise est le fruit d'une lutte ininterrompue dont le point culminant avait été Solidarité alors qu'en Hongrie ce sont les dirigeants communistes qui avaient sifflé la fin du communisme en ouvrant les frontières parce qu'ils avaient perdu la foi et compris que Gorbatchev ne viendrait jamais à leur secours. À Varsovie, Jarosław Kaczyński a face à lui une opposition qui sait qu'un combat n'est jamais perdu d'avance, que « la Pologne n'est pas encore défaite », comme dit l'hymne national, alors que Viktor Orbán, lui, gouverne un pays qui avait accepté un pacte avec le communisme après sa défaite de 1956 et n'avait plus même rêvé depuis de s'opposer à lui autrement que par la moquerie et les petits arrangements avec la légalité.

Entre la Pologne et la Hongrie, toute la différence est là mais, sur la brèche ou encore frileuse, l'opposition est toujours en pleine confusion dans ces deux pays car, maintenant, après ces trente années de démocratie, c'est quoi la gauche ? Qu'est-ce que cette démocratie qui a si profondément creusé les inégalités ? C'est quoi l'économie de marché si elle conduit à tant de précarité sociale et à l'appropriation des richesses nationales par des intérêts étrangers ?

Les réponses ne sont pas claires et, mêmes causes, mêmes effets, elles ne le sont pas plus aujourd'hui en Occident, Italie, États-Unis, France ou Allemagne même, qu'elles ne le sont en Europe centrale. À l'Ouest, comme on disait hier, le problème est que la mondialisation de l'économie et la concurrence des pays émergents ont mis en faillite ou fragilisé l'industrie lourde, celle qui assurait la stabilité de l'emploi et constituait des forteresses ouvrières au sein desquelles les salariés étaient assez forts pour faire avancer leurs revendications. Les aciéries françaises ne se portent pas mieux que celles dont j'ai vu rouiller les vestiges à Ezd et, en Europe centrale comme dans tout l'Occident, les gauches ont tenté de composer avec l'inversion du rapport de forces entre le capital et le travail en faisant la part du feu, acceptant la précarisation de l'emploi et rabotant la protection sociale.

D'un côté comme de l'autre de l'ancien mur, il s'est fondamentalement passé la même chose mais, en Europe centrale, ce sont les premiers gouvernements formés par les démocrates, par les libéraux au sens politique, qui ont pris sur eux la violence du passage à l'économie de marché. Dans tout l'ancien monde communiste, la gauche et la démocratie, c'est donc le chômage alors que les nationalistes, c'est le retour d'une protection sociale car, trente ans plus tard, ce sont eux qui peuvent profiter des succès de la transition pour amorcer une redistribution.

Viktor Orbán a considérablement réduit le chômage avec son Travail d'intérêt général et encourage la natalité (et le retrait des femmes du marché du travail) par une politique fiscale extrê-mement favorable aux familles avec enfants. Le parti de Jarosław Kaczyński a augmenté le salaire minimum, diminué l'âge du départ à la retraite que ses prédécesseurs avaient allongé et institué une allocation de cinq cents złotys par mois et par enfant à compter de la deuxième naissance alors que le salaire médian est de deux mille cinq cents złotys. « Pour beaucoup de familles pauvres, la vie en est changée. On voit sur les plages de la Baltique beaucoup de gens dont c'est le premier bain de mer », m'avait dit le libéral qu'est Alik Smolar et c'est ce que confirme Marta Lempart, pourtant pilier de l'opposition, lorsqu'elle parle du travail social qu'elle a mené avec des élus locaux du PiS et juge « rationnel » le vote des laissés-pour-compte en faveur des conservateurs.

L'étonnant, en Europe centrale, n'est pas la vic-toire des nationalistes.

L'étonnant est que le Fidesz ne passe pas la barre des 50 % en Hongrie et que le PiS ait réuni moins de 40 % des voix aux législatives polo-naises de 2015 et ne fasse pas mieux depuis. En

Europe centrale comme en Occident, l'extrême droite progresse, et spectaculairement, mais le changement majeur, encore bien plus net qu'en Occident, est que la gauche, la droite et leurs partis traditionnels s'éparpillent et régressent faute de savoir quelles propositions avancer et quelle stratégie adopter. Il y a, d'un côté, une cohérence, fausse, mensongère mais extrêmement séduisante et, de l'autre, un désarroi mais ce qui est vrai pour le Fidesz ne l'est pas forcément pour le PiS et vice-versa.

Dans cette droite polonaise tout est plus policé, moins radical ou plus habile en tout cas que dans la droite hongroise et puis, entre elles, la Russie fait la différence. Je n'ai pas rencontré une seule figure du PiS, et je ne crois pas qu'il y en ait, qui ne souligne bien vite cette divergence avec le Fidesz. Leader de la majorité au Sejm, la Chambre des députés, l'historien Ryszard Terlecki, incarnation de la droite de son parti, voit une « grande communauté de valeurs entre les pays passés par le communisme ». Il cite l'attachement à la souveraineté nationale « après des décennies de soumission directe ou indirecte à l'Union soviétique », l'importance donnée à l'affirmation de l'identité nationale et culturelle qui était une façon de s'opposer à l'URSS et l'attitude vis-à-vis de la religion qui avait elle aussi incarné – il parle là de la Pologne – « la résistance nationale ». Tout cela différencie, dit-il, l'Europe occidentale des pays de l'ancien bloc soviétique et l'on sent bien qu'il y tient mais... Mais, entre la Hongrie anciennement autrichienne et la Pologne que la Russie avait effacée de la carte lors du partage avec la Prusse et l'Autriche, il ne peut pas y avoir le même rapport avec Moscou.

Très proche du PiS et rédacteur en chef de l'hebdomadaire conservateur *Do Rzeczy*, Paweł Lisicki ne déplore pas non plus les similitudes entre les droites au pouvoir à Budapest et Varsovie. Il s'en félicite au contraire mais rappelle aussitôt que Viktor Orbán était à Moscou le jour même où le chef de l'État polonais, Andrzej Duda, déclarait à Washington que la politique étrangère de son pays était fondée sur la force et la pérennité de l'Alliance atlantique. Ce jour-là, Andrzej Duda avait même proposé à Donald Trump que la Pologne finance l'installation de bases américaines sur son sol. « Nous, les Polonais, dit Paweł Lisicki, nous nous appuyons sur les États-Unis car il n'y a pas d'autres forces sur lesquelles nous puissions le faire. »

C'est une manière polie de dire que la Pologne ne peut pas se reposer sur l'Union européenne alors qu'à Budapest, Viktor Orbán souhaite, au contraire, que l'Union se dote d'une armée commune car les Européens ne peuvent plus compter sur la protection américaine. Si l'on gratte un peu, le paradoxe est que le Premier ministre hongrois se sent idéologiquement très proche de Donald Trump, que Jarosław Kaczyński est, lui, complètement effaré par ce président américain qui se moque de l'Alliance atlantique comme de sa première bavette et l'affaiblit systématiquement mais que le second veut désespérément souder les liens avec les États-Unis alors que le premier n'a aucun problème à acter l'éloignement euro-américain car il n'a aucune peur de la Russie.

Ancien conseiller du frère jumeau de Jarosław Kaczyński, Lech, mort dans l'accident d'avion de Smolensk alors qu'il était chef de l'État, le philosophe Marek Cichocki va droit au fond de cette divergence avec Viktor Orbán. « Les Français et les Allemands, dit-il, excluent l'hypothèse d'une attaque russe sur les pays baltes qui impliquerait automatiquement la Pologne » et « le sentiment des Polonais, poursuit-il, est que leurs partenaires européens les laisseraient tomber alors que les Américains les soutiendraient... » Il s'arrête deux secondes et ajoute, dans un indéfinissable sourire : « ...Ce qui est une supposition, je l'avoue. »

La vérité est qu'entre des Français et des Allemands dont elle a de mauvais souvenirs et une Amérique qui avait laissé Vladimir Poutine entrer en Géorgie et s'installer sur deux de ses territoires avant de ne pas l'empêcher de reprendre pied au Proche-Orient, d'annexer la Crimée et d'encourager un sécessionnisme en Ukraine orientale, la Pologne ne sait plus à quel saint se vouer. Plutôt que la potentialité européenne, elle préfère jouer une valeur américaine qui, même à la baisse, demeure solide mais ne mise sur Washington qu'en vertu d'une « supposition » qui explique bien des choses.

Faute de savoir sur qui compter face à la Russie, la Pologne n'a que mots doux pour les États-Unis mais contrôle tant son langage sur l'Union européenne que Marek Cichocki se contente de regretter l'éloignement qu'il constate entre la Pologne et l'Occident. « Pour nous, l'Ouest était tout car il était la liberté et, découvrant à quel point il a changé, le découvrant avec stupeur, nous éprouvons une difficulté à l'accepter car nous voudrions faire partie d'un Ouest qui n'existe plus. »

Contrairement aux intellectuels du Fidesz, il ne dénonce pas l'Union comme la terre du mariage gay et de la soumission à l'islam, du glissement dans le péché, la décadence et la lâcheté. Non ! Rien de ce ton-là et, quant aux Lumières, il ne les rejette pas en bloc, pas du tout, mais se contente de faire la différence entre les Lumières françaises, « source du modèle de laïcité que nous ne pouvons pas accepter sans réticences », et les philosophes britanniques des Lumières qu'il ne condamne en rien. Ce n'est pas le recteur de l'Université Corvinus et il n'est pas besoin de rappeler à l'ancien conseiller de Lech Kaczyński que le plus grand héros de l'Histoire polonaise, Tadeusz Kościuszko, mythique combattant de l'indépendance nationale, avait été très influencé par les Encyclopédistes alors qu'il vivait à Paris, dans la seconde moitié du XVIIIᵉ siècle.

Marek Cichocki le mentionne de lui-même, ajoute que la Pologne « ne veut pas devenir partie prenante à la bataille entre Orbán et Macron car nous avons besoin des États-Unis et de l'Union européenne, des deux » et va jusqu'à se distancer du Fidesz et du PiS sur l'immigration. « Le PiS, dit-il, a utilisé la question migratoire comme arme politique contre la Plateforme mais il est tombé dans son propre piège car nous avons besoin de migrants pour faire tourner l'économie et devrons changer cette politique. »

Ce constat, un conseiller d'Orbán aurait pu le faire puisque c'est faute de main-d'œuvre qualifiée que le gouvernement hongrois a autorisé, en décembre 2018, une augmentation massive du nombre annuel d'heures supplémentaires et aussitôt provoqué des manifestations « contre l'esclavage » qui se prolongeaient en janvier. Ce qui est vrai en Pologne l'est encore plus en Hongrie mais, à Budapest, il n'y a pas d'intellectuels proches du pouvoir qui oseraient se montrer ouvertement critiques. À Varsovie, il y en a et même les plus radicaux et les plus convaincus des avocats du PiS, même ceux qui s'en font les porte-parole, prennent soin de se démarquer du régime hongrois bien qu'ils en soient solidaires.

À la tête de *Sieci*, le plus militant des hebdomadaires de la droite polonaise, les frères Karnowski considèrent ainsi, exactement comme Viktor Orbán et les intellectuels du Fidesz, que le communisme se reproduit à travers les âges et qu'il était donc légitime, trente ans après la chute du mur, d'organiser une purge de la magistrature, « comme les Allemands l'avaient fait en 1945 ». Question xénophobie, ils ne sont pas plus en reste que les nationalistes hongrois lorsqu'ils disent que le PiS veut créer un pays où l'on vive bien mais « pour les Polonais, pas pour les migrants ». Je me croyais encore à Budapest en les entendant dénoncer l'Union européenne qui s'indigne que les Polonais (« les Hongrois », dit-on en Hongrie) refusent « d'être moins égaux que les Allemands ou les Français », mais la parenté entre le PiS et le Fidesz s'arrête là car, entre la Pologne et la Hongrie, l'Histoire fait décidément la différence.

Alors qu'à Budapest, le pouvoir veille à ne pas plus froisser Berlin que Moscou, les frères Karnowski décrivent, eux, une Pologne prise en étau entre « les diktats » allemands et « la menace » russe, une Pologne, disent-ils, qui ne veut pas devenir la Grèce mais doit, en même temps, affirmer sa force face au Kremlin. S'ils étaient hongrois, oui, ils voteraient Orbán mais ils le feraient malgré la Russie dont ils jugent que le Fidesz, comme Mme Le Pen, est beaucoup trop proche. C'est l'Histoire séculaire de la Pologne qui s'exprime là mais, lorsqu'ils ajoutent que « les niveaux de corruption et de contrôle de la presse atteints en Hongrie seraient absolument inacceptables en Pologne », c'est l'Histoire la plus contemporaine qui inspire leur propos.

La différence ne saute pas aux yeux puisque l'audiovisuel public est devenu aussi grotesquement gouvernemental en Pologne qu'en Hongrie. C'est si vrai que l'un des éditorialistes les plus conservateurs de Varsovie, Bronisław Wildstein, m'a dit ne plus regarder la télévision qu'il compare à celle des temps communistes mais, PiS ou pas, la presse est libre et pluraliste en Pologne et la corruption n'y a rien d'un phénomène endémique car la démocratie y a été conquise de haute et longue lutte et y est infiniment plus enracinée qu'en Hongrie.

Irréfutable, la preuve en est d'ailleurs que j'ai beaucoup moins abusé du Jack Daniel's sur les bords de la Vistule que sur les quais du Danube. Pour moi, ça ne trompe pas puisque c'est en nombre de verres que mon malaisomètre est gradué mais, plus sérieusement parlant, comment expliquer, alors, que la Pologne ait porté au pouvoir le même nationalisme, souverainiste et réactionnaire, que la Hongrie cinq ans plus tôt ?

Outre l'usure de la Plateforme après huit années aux commandes et plusieurs scandales retentissants, Alik Smolar avance trois explications. La première est que beaucoup d'électeurs recher- chaient la protection d'un État fort et de fron- tières sûres parce que le monde était redevenu inquiétant en 2015, non pas seulement à cause du pic migratoire sur lequel a tant joué Jarosław Kaczyński, mais aussi du terrorisme, de l'Ukraine et de la réaffirmation russe. La deuxième est que la crise de 2008 a tout autant brisé le mythe occi- dental en Pologne qu'en Hongrie et la troisième des explications d'Alik est que les libéraux ont fini par payer la dureté de la transition « longtemps sous-estimée, dit-il, et à côté de laquelle la crise grecque n'était rien ».

J'aurais dit pareil. J'aurais même mis en tête le coût social du passage à l'économie de marché mais Michal Sutowski, éditorialiste de Krytyka Polityczna, la boîte à idées de l'intelligentsia de gauche, objecte que ce sont les campagnes, des bastions du PiS, qui ont le plus profité des sub- ventions européennes et qu'il serait donc temps d'oublier, trente ans après, la problématique « des gagnants et perdants de la transition ». Pour cet homme de gauche, si les nationalistes ont gagné, c'est que « les électeurs se demandaient pourquoi l'État n'était pas plus généreux alors que la situa- tion économique l'aurait permis ». À l'autre bout de l'échiquier intellectuel, Jarosław Kuisz, rédac- teur en chef de *Kultura Liberalna*, la voix de l'in- telligentsia libérale, n'est pas loin de me dire la même chose lorsqu'il rappelle que les gouverne- ments de la Plateforme avaient tellement l'habi- tude d'opposer l'impossibilité budgétaire à toutes les revendications qu'on avait fini par parler de leur « impossibilisme ».

Ce néologisme est un bijou. Je le note et le souligne avec une telle jubilation intellectuelle qu'il en regretterait presque, lui, un libéral, de me l'avoir soufflé, mais l'impossibilisme pourrait aussi définir la période ouverte, dans le reste de l'Union, par les critères de Maastricht. Qu'ils aient été justifiés ou non, ces plafonds de déficit et d'endettement ont eu des conséquences politiques aussi catastrophiques en Europe occidentale que la transition en Europe centrale et la culture politique qu'elle y a créée. Dans les deux cas, la rigueur budgétaire a profité aux souverainistes et développé le nationalisme, et d'ailleurs...

À Paris, devant mon écran, ce mardi 4 décembre 2018, j'arrête d'écrire un instant car, autour de l'Étoile, la deuxième manifestation parisienne des Gilets jaunes a tourné, avant-hier, à l'émeute. Mon tour du monde attendra. Je branche Inter, la matinale, et bien m'en a pris car il y a du nouveau. Emmanuel Macron va lâcher du lest et, entendant cela, je me dis, moi, que ce demi-recul pourrait agréger bien d'autres revendications à celles des Gilets car il y a longtemps, en France, que les salaires ne progressent plus, que l'État réduit ses dépenses en fermant les services publics dans les zones les moins peuplées, longtemps, aussi, que le souverainisme monte dans ce pays qui avait été, en 2005, le premier à opposer un « non » à l'approfondissement de l'unité européenne. Peut-être, me suis-je dit, devrai-je bientôt rééditer ce livre en y ajoutant un cinquième pays, la France. Je me suis refait un café – je commence à en boire autant que de Jack à Budapest – et suis reparti à Varsovie, avec Jarosław Kuisz qui m'attendait dans son bureau de *Kultura Liberalna* et m'explique, maintenant, que le changement fondamental en Pologne est que les gens de moins de trente et même quarante ans ont tous grandi dans un pays indépendant.

C'est la première fois depuis deux siècles. C'est une nouvelle Pologne, veut-il dire, dont « les jeunes générations se sentent européennes, tout court, sans complexes d'infériorité ni de supériorité, et dont les sondages montrent que le changement y est beaucoup plus profond aujourd'hui qu'il ne l'était en 1989 car le mythe de l'Ouest y est désormais brisé. Avant, poursuit-il, il fallait imiter l'Ouest en tout et l'on disait même, à quelqu'un qui ne se conduisait pas bien, "À l'Ouest, on ne ferait pas ça !" alors qu'aujourd'hui, tout particulièrement depuis la crise de 2008, les Polonais ont commencé à voir l'Ouest pour ce qu'il est, faiblesses comprises. »

Aux yeux de ce jeune libéral, cela signifie que les Polonais sont en train de rompre avec « le code culturel qui leur commandait d'être toujours contre car ils ne pouvaient qu'être révoltés, depuis deux siècles, par les drames de leur nation ». Oui… J'écoutais. C'était intéressant mais je n'entendais pas vraiment. Je me disais à moi-même que le PiS, son nationalisme et ses peurs jumelles de l'Allemagne et de la Russie ne rompaient guère avec cette continuité psychologique. Je ne voyais pas où il voulait en venir mais, sentant cette incompréhension, il m'a dit, parlant de mon ami Adam, Adam Michnik, la tête pensante de *Gazeta*, le quotidien qui est devenu celui de l'opposition : « Michnik et Kaczyński, c'est la dernière bataille des dissidents », et là, j'ai compris.

Jarosław Kuisz considérait, ai-je compris, qu'Adam et Kaczyński, deux anciens dissidents, en seraient toujours à s'opposer sur ce que devrait être la Pologne post-communiste alors que cette Pologne, démocratique, libérée du passéisme épiscopal et toujours plus féministe, existerait déjà, forte d'une jeunesse, m'avait-il dit, qui est naturellement européenne, de plain-pied dans le même siècle que l'Europe occidentale.

J'ai trouvé incroyablement injuste de mettre Adam dans le même sac que le fondateur du PiS. Ça m'a gêné mais il y a cinquante ans, depuis les manifestations du 68 polonais, qu'Adam exerce un magistère moral sur l'intelligentsia de ce pays. Il n'y a plus un Polonais qui ne l'ait toujours vu là et il irrite donc et agace. Il en horripile même beaucoup, exactement comme les soixante-huitards en France dont tant de gens se disent qu'il est temps qu'ils dégagent. Je connais. Je ne crois pas, moi, que notre génération soit déjà devenue inutile. Je crains même qu'elle ne le soit de moins en moins mais c'est ainsi, nous appartenons à la préhistoire communiste, et j'ai essayé d'expliquer à Adam qu'il fallait le comprendre car même Aron, Sartre ou Mauriac n'avaient pas eu un aussi long règne.

« Pas même Sartre ? » m'a-t-il demandé.

Non, Adam, pas même Sartre, et dis-toi bien, lui ai-je expliqué, que l'agacement que suscitent en toi ces jeunes gens qui tentent de réinventer la politique polonaise et se divisent en chapelles est celui que ressentait vis-à-vis de toi la génération des premiers opposants de 1956. Il m'a fixé, surpris : « Tu crois vraiment ? » Adam, c'est une évidence… Il en est convenu d'un sourire vague avant de me dire que le PiS n'avait gagné que de très peu et que si tel groupe avait su faire front avec tel autre, le résultat n'aurait pas été le même. Adam raisonnait alliances et Raison. Je le comprenais car je le fais aussi mais si nous avions vingt ans, ai-je pensé, nous chercherions, comme eux, à inventer et non pas à sauvegarder. Adam, lui ai-je dit, je crois que c'est mon dernier voyage en Pologne parce que votre histoire n'est plus la mienne, que je ne suis plus ici chez moi et que cela me suffit de ne plus l'être en France. « Je n'en crois rien. Tu reviendras », m'a-t-il dit avant de m'embrasser et de me souffler à l'oreille, en guise d'au revoir : « Le drame est qu'une grande partie de la société accepte la liquidation de l'État de droit. »

Et voilà !... Une phrase, une seule, et je ne savais plus où j'en étais. Soudain, tout me semblait plus grave que je n'en étais arrivé à le penser, aussi grave qu'à Budapest car si une grande partie des Polonais accepte l'autoritarisme électif, il adviendra, forcément, comme ailleurs, parce qu'il est dans l'air du temps, à moins...

À moins que l'optimisme de Jarosław Kuisz ne soit justifié, que la jeune Pologne n'ait déjà basculé dans la modernité européenne et que les acquis du post-communisme et de l'ouverture au monde ne soient désormais irréversibles, comme me l'avait dit un historien hongrois, Ablonczy Balázs, grand spécialiste du traité de Trianon, en m'assurant que personne n'avait encore jamais su comment faire rentrer le dentifrice dans son tube. Sur le coup, il m'avait plus ou moins convaincu, plutôt plus que moins... Mais si c'était Marek Cichocki, l'ancien conseiller de Lech Kaczyński, qui avait raison en me parlant, l'autre jour, d'un éloignement entre les Polonais et l'Europe ? Comment savoir, avec certitude ?

Alors disons seulement que Kuisz est un libéral et Cichocki, un conservateur. Ce n'est pas la même chose. Ça ne l'était pas au siècle des Lumières. Ça ne l'est pas aux États-Unis. Ça l'est encore moins en Pologne, et c'est en Europe centrale qu'on voit le mieux que la ligne de fracture essentielle ne sépare pas aujourd'hui la gauche des libéraux mais les nationalistes, souverainistes et réactionnaires, de la plus grande partie de la gauche et des libéraux. C'est si vrai que les catégories politiques américaines, *liberals vs conservatives*, libéraux d'un côté, conservateurs de l'autre, sont désormais plus contemporaines que les nôtres, mais ma question, toujours la même, sur les raisons de la victoire du PiS, je la pose maintenant à un sociologue, proche des idées de Pierre Bourdieu.

En France, on dirait que Maciej Gdula est à la gauche de la gauche mais les chiffres qu'il me donne constituent le plus triomphal des bilans du gouvernement libéral de la Plateforme. Entre 2004 et 2015, me dit-il, il y a eu 60 % de croissance en Pologne et 50 % d'augmentation des revenus tandis que le chômage n'était plus que de 6,7 % en 2015 contre 20 % en 2002. Le progrès est spectaculaire, et ce qu'il veut me dire par là est exactement ce que m'avaient dit Michal Sutowski et Jarosław Kuisz, un social-démocrate et un libéral. Ce n'est pas, pensent-ils tous, la dureté de la transition qui a porté le PiS au pouvoir et, pour ce qui est de Maciej Gdula, l'explication est double : la peur des réfugiés, de l'islam et du terrorisme et, plus profondément encore, un désir d'État fort et protecteur et un rejet des élites contre lesquelles Kaczyński ne cesse de brandir l'écart des revenus et le soupçon de corruption.

Quand j'entendais cela à Varsovie, début octobre, je ne savais pas que, deux mois plus tard, en France, des Gilets jaunes demanderaient le rétablissement de l'impôt sur la fortune et interpelleraient des ministres sur le montant de leurs salaires. Entre Paris et la Pologne, la distance est moins grande qu'on ne pourrait le croire. Il était temps que je repasse à l'Ouest, Vienne puis Rome, mais j'avais encore un rendez-vous, à l'université, une poignée d'heures avant le décollage.

Féministe et professeur de philosophie, Magdelena Sroda s'est d'abord montrée franchement pessimiste. Le changement par les femmes ? Non, elle n'y croyait pas, car les femmes n'ont pas de chef de file et pas non plus d'ambitions politiques « qui restent encore l'apanage des hommes ». « Le problème, disait-elle, est que la Pologne n'a jamais assimilé les Lumières », qu'elle reste imprégnée d'un catholicisme préconciliaire et demeure avant tout « romantique, sombre et marquée par ses mythes et l'idée du sacrifice sur l'autel de la nation ».

Je reconnaissais là le « code culturel » dont Jarosław Kuisz m'avait dit que ce n'était plus celui des jeunes Polonais, mais soudain, devant moi, complète volte-face, Magdelena me dit aussi que « le rêve d'une société démocratique est très présent et fort » dans son pays, qu'il y aura « 40 % de femmes candidates en plus » aux élections européennes et législatives de 2019, que « la possibilité d'un vote gay en faveur de Biedron est réelle et peut vraiment peser » et que « ce film, *Kler*, peut faire entrer la Pologne dans le siècle des Lumières ». Ce n'était pas de l'incohérence mais les deux faces d'une même médaille, de la complexité polonaise telle que je l'ai ressentie à l'automne 2018.

# L'enquête autrichienne

Le vol d'Austrian avait été annulé, sans doute pas assez de passagers pour être rentable. Je suis arrivé en retard à Vienne mais Georg et Raimund m'avaient attendu pour dîner. Grandes figures de la presse autrichienne, Raimund Löw et Georg Hoffmann-Ostenhof sont des amis de quarante ans, aussi brièvement passés que moi par le trotskisme et, depuis longtemps, tout aussi modérés que je le suis. Nous pensons pareil et nous sommes toujours compris à demi-mot mais là, lorsque je leur ai demandé s'ils étaient inquiets ou très inquiets, j'ai fait un flop.

Ils se sont regardés, vaguement accablés. Ils m'ont regardé, vaguement réprobateurs. J'étais apparemment tombé dans un simplisme auquel ils ne se seraient pas attendus de ma part car, non, il n'y avait pas de raison de se laisser aller à la panique, ce n'était pas le nazisme, rien qu'une coalition entre la droite et l'extrême droite, pas la première et sans doute pas la dernière : « Qu'est-ce que tu prends ? »

J'ai demandé un *Tafelspitz*, le plat autrichien que je préfère, un pot-au-feu en plus fin. « Et pour boire ? » Du blanc, mais pas français, autrichien :

on est à Vienne ! Nous étions quasiment seuls dans cette auberge familiale d'un quartier résidentiel. Tout était charmant, sucré, souriant, mais ces deux-là m'avaient plutôt énervé avec leur calme distancé d'hommes qui avaient trop vécu pour si vite s'émouvoir. J'ai contre-attaqué. L'extrême droite monte partout en Europe et dans le monde, leur disais-je. Trump et Poutine veulent foutre en l'air l'Union. Vous avez, à l'Intérieur et à la Défense, rien que ça, des ministres du FPÖ, d'un parti fondé par d'anciens nazis et – dites-moi si je me trompe – allié à Russie unie, le parti du Kremlin. Les services occidentaux ne veulent plus collaborer avec les vôtres car ils craignent que leurs informations n'atterrissent immédiatement au FSB et tout va bien, Bernard, tu reprendras bien un peu de blanc ?

Ils ont fait comme si je n'avais rien dit, m'ont demandé qui j'allais voir, ont rajouté quelques noms à la liste que Raimund m'avait suggérée un mois plus tôt et, « de toute manière, on se revoit dans quelques jours ». Ils voulaient que je commence par aller humer. Ils me disaient aussi qu'il n'y avait pas que mon enquête dans la vie, que nous avions une amitié, des enfants, des amis communs qui pouvaient passer avant, qu'on discuterait ensuite et, après tout, ils n'avaient pas tort. Ils m'ont fait raconter la Pologne car la Hongrie, on en sait tout à Vienne et, à bientôt 1 heure du matin, me voilà devant l'ambassade de France où je réside, invité de l'ambassadeur. Quelques pas sur le Ring, le boulevard de ceinture que François-Joseph avait fait ériger sur le tracé des anciens remparts, au milieu du XIXe siècle. Tout n'est que luxe, calme et ennui. À Vienne, même les mendiants sont en loden. Autant aller se coucher. Ma chambre est vaste. Les parquets craquent. Dessiné, joufflu, travaillé, cet immense palais Art déco est simplement splendide mais, à l'état des tapis et des peintures de la chancellerie, on voit qu'il y a longtemps que le budget de la diplomatie française est au pain sec et à l'eau.

J'éteins, mais ne dors pas. Cherchant le sommeil, je finis par me revoir à Budapest, tout juste arrivé, contemplant la foule et tout perplexe lorsque le garçon me demande ce que je veux. C'était trop tôt pour un Jack. Je désigne, à la table d'à côté, un grand verre débordant de quartiers d'orange et de feuilles de menthe. « Une limonade ? » demande le garçon. Si ça s'appelle comme ça, oui, une limonade. « Classique ou à la fraise ? » Classique, bien sûr et, avant que n'arrive ma commande, je me plonge, comme tout le monde, dans mon téléphone portable.

Vieux copain en qui j'ai grande confiance, le World Service de la BBC m'informe que la ministre autrichienne des Affaires étrangères, Karin Kneissl, épouse un homme d'affaires et qui y a-t-il parmi la centaine d'invités venus la féliciter ? Eh bien il y a le président russe en personne, accompagné d'une troupe de chanteurs cosaques. Vladimir Poutine a dansé avec la ministre apparentée FPÖ, bonne spécialiste du Proche-Orient où elle a grandi et étonnante polyglotte qui fut journaliste.

C'était comme l'officialisation de la liaison que le président russe entretient avec les nouvelles extrêmes droites sur lesquelles il compte pour disloquer l'Union européenne que Donald Trump et lui haïssent tout autant. Je serai encore plus interloqué d'apprendre plus tard que la ministre s'est inclinée devant Poutine à la fin de leur danse. La photo a fait le tour du monde et beaucoup de bruit en Autriche. C'est à cette scène que je repense dans l'insomnie qui s'installe puis me revient le papier du *Parisien* qu'un ami d'Inter m'avait fait suivre par mail l'avant-veille de mon arrivée à Vienne.

Une figure de l'extrême droite belge y expliquait les objectifs de sa collaboration avec Steve Bannon, l'ancienne tête politique de Donald Trump qui s'est installé à Bruxelles pour coordonner les campagnes des souverainistes en vue des élections européennes. Bannon, disait-il, « est convaincu que c'est l'Europe qui donne le tempo, que le Brexit a été le signal de la révolte populaire rendant possible la victoire de Trump dont le raz de marée populiste aux élections européennes de l'an prochain préparera la réélection. Il mène un combat pour l'âme de ce que nous sommes, la civilisation occidentale, (car) en tant qu'homme blanc, hétéro, mâle, on a droit au même respect que les autres mais [...] on n'est pas là pour détruire l'Europe, poursuivait-il, mais pour restaurer la souveraineté des États et combattre l'islam radical. »

Et qui voulez-vous rassembler ?, lui demandait *Le Parisien*.

« Ce que je dis à Bannon, répondait-il, c'est qu'il y a des mouvements populistes comme ceux de Salvini en Italie ou d'Orbán en Hongrie qui sont des candidats naturels mais qu'il y a aussi des leaders de partis mainstream qui ne sont pas loin de nous. C'est le cas d'un Wauquiez en France, d'un

154

Seehofer en Allemagne ou du chancelier autrichien Kurz [...]. »

En devenant chancelier fédéral en décembre 2017, Sebastian Kurz était devenu le plus jeune chef de gouvernement du monde. Il a alors trente et un ans et déjà toute une carrière politique derrière lui : patron du mouvement de jeunesse du vieux Parti populaire autrichien, l'ÖVP, dès 2009, secrétaire d'État à l'Intégration en 2011, ministre des Affaires étrangères en 2013, patron de son parti, la droite autrichienne, en mai 2017, dynamiteur, dans la foulée, comme promis, de la coalition avec la social-démocratie dont l'ÖVP était le *junior partner* et bientôt vainqueur, cinq mois plus tard, des législatives anticipées du 15 octobre dont sa formation sort en tête.

Pour jouer et gagner, ce jeune homme à la chevelure drue mais impeccablement sage n'aura eu qu'à comprendre, c'est tout son mérite, que la riche et stable Autriche était fondamentalement conservatrice car elle avait trop à perdre à tout changement, que l'ÖVP était cependant bien trop vieillotte pour pouvoir encore séduire les jeunes électeurs et qu'il y avait donc un boulevard pour celui qui saurait donner un bain de jouvence à cette droite tout aussi essoufflée que la social-démocratie. Chef de file des jeunes conservateurs, Sebastian Kurz avait commencé sa carrière en organisant des distributions de préservatifs à bord de « sexymobiles ». Frissons et prophylaxie, voilà qui vous projetait un inconnu sur le devant de la scène et, pour la suite, le futur chancelier avait sa potion magique, le renouvellement des cadres et des candidats par l'appel aux femmes et aux milieux populaires et, en même temps, l'interdiction de la burqa, la baisse des allocations aux réfugiés, le refus de la candidature turque à l'entrée dans l'Union européenne et la fermeture des frontières en 2015, au pic de la vague migratoire.

Nullement réactionnaire d'allure, pas plus dans ses manières que dans son style, ce chancelier à la spontanéité si travaillée fait assez clairement de droite pour faire fureur dans toute l'Autriche conservatrice et manger la laine, espère-t-il, lentement mais sûrement, sur le dos de ses partenaires du FPÖ avec lesquels il gouverne pour mieux les réduire à petit feu tout en marginalisant les socialistes renvoyés dans l'opposition. « Il ne fait rien d'autre que votre Mitterrand avec les communistes », ai-je régulièrement entendu parmi les partisans de ce jeune premier. C'est un élément de langage mais il ne paraît pas totalement infondé et ne l'est peut-être pas, sauf...

Après ma nuit d'insomnie, j'avais rendez-vous avec le chef du groupe parlementaire FPÖ, Johann Gudenus. J'avais entendu dire les pires choses sur cet homme si proche des confréries étudiantes où se recrute l'aile la plus à droite de l'extrême droite autrichienne. Je ne pensais pas qu'il accepterait de me voir mais, contrairement à plusieurs de ses amis, il m'a tout de suite proposé un jour et une heure, « à l'Assemblée, dans mon bureau », en n'y mettant qu'une condition : la présence d'un interprète car « tout est affaire de nuances, qui comptent en politique ».

Me voici donc face à lui, plutôt mal à l'aise car ce jeune quadragénaire semble droit descendu de ces affiches de propagande allemande sur lesquelles un soldat des forces d'occupation protégeait de ses bras aryens un bon peuple débarrassé des vermines judéo-bolcheviques. La ressemblance est troublante. On a peine à imaginer qu'elle n'ait pas été cultivée et, pour ne rien arranger, Johann a un sosie, un frère qui ne cesse d'entrer et sortir mais bon, du calme, la guerre est finie et je ne vais d'ailleurs pas tarder à éclater de rire.

Je lui avais demandé comment il définirait son parti et, le temps que l'interprète traduise, « C'est un parti de la droite du centre », a-t-il répondu et j'ai ri. Je n'aurais pas dû. J'aurais dû prendre note et lui demander de développer son idée mais je n'ai pas pu me retenir. Il en était surpris : « Pourquoi riez-vous ? » Je lui ai fait remarquer qu'il y avait trois grands partis en Autriche, les sociaux-démocrates à gauche, l'ÖVP à droite et le sien à la droite de la droite ou bien, affaire de jugement, à l'extrême droite. Je ne voyais pas, non, désolé, comment il pouvait mettre le FPÖ au centre, fût-ce à la droite du centre. Cela me semblait factuel, mais je me trompais, « totalement », m'a-t-il dit, car je ne voyais pas l'ampleur des changements en cours et en restais à ces catégories de droite et de gauche auxquelles lui n'avait jamais cru et qu'il considérait comme « clairement dépassées ».

Je notais sans plus rire et il m'a longuement expliqué pourquoi le FPÖ, qui « va vers le centre, absolument », était désormais le premier parti des ouvriers et des salariés, d'électeurs qui avaient été ceux de la gauche. « La social-démocratie est en crise, me disait-il. Elle l'est partout en Europe car, si ses réponses ont peut-être été bonnes il y a un siècle, elles ne le sont plus aujourd'hui » et il m'a donné deux exemples de cet anachronisme de la gauche.

Le premier était qu'il « n'est pas possible de maintenir la protection sociale avec une immigration massive et illégale » et qu'on ne le peut qu'avec « une immigration légale et régulée ». Le second était que « la social-démocratie n'est jamais parvenue à assurer l'égalité de salaires entre les hommes et les femmes » et que l'approche du FPÖ, une approche « de bon sens », était d'assurer aux femmes la liberté de choisir entre travailler dans des conditions d'égalité ou rester à la maison mais sans être financièrement désavantagées, « notamment pas sur les retraites ».

Toutes les trois phrases, Johann Gudenus en revenait aux idées de « bon sens », de « Raison » et de « recherche de solutions » pour l'Autriche. Je me disais, en l'écoutant, que les points marqués par les femmes depuis les années soixante n'étaient décidément pas irréversibles et qu'il y avait là un fond sonore commun à la Hongrie, l'Autriche et la Pologne mais notais, fidèlement. J'ai noté que le FPÖ était « plutôt à gauche sur les questions sociales mais raisonnablement puisqu'il diminue les taxes et les impôts pour attirer de nouvelles entreprises ». J'ai noté qu'il était « pro-européen » mais en faveur d'une coopération des États, pas de l'actuel fonctionnement de l'Union car il y a « aujourd'hui trop de centralisation et de compétences abandonnées à Bruxelles ». J'ai noté que ce n'était pas à une renaissance de la droite de la droite qu'on assistait en Europe et dans le monde mais à « l'apparition de la Raison car beaucoup de choses n'allaient pas dans le bon sens » et que le FPÖ avait, oui, « les bonnes réponses sur la sécurité et le niveau trop élevé des impôts ».

J'avais renoncé au droit de suite. Je ne l'interrompais pas, ne le relançais pas. Je notais mais quand il m'a dit : « Pour nous, la démocratie est sacrée », je l'ai fait sourire de bonheur en lui faisant remarquer que maintenant que les ouvriers votaient pour eux, ils n'auraient plus de raison de ne pas la respecter. Il a choisi de ne pas entendre ce qu'il y avait entre les lignes et enchaîné : « Regardez Houellebecq, un homme venu de la gauche. Je viens de lire *Soumission* et en décrivant cette coalition entre la gauche et l'islamisme, il a bien montré ce qui éloigne les ouvriers de la social-démocratie. »

Ce qu'il y avait de rassurant était que cet homme politique maîtrisait aussi bien qu'un autre les artifices de la communication. Ce qu'il y avait d'inquiétant était, à l'inverse, qu'il sache si bien le faire et lorsque je lui ai dit, amorçant mon départ, que je le remerciais de cet entretien mais avais l'impression d'avoir entendu un long « je ne suis pas celui que vous croyez », il m'a rétorqué d'une voix égale : « Je ne peux pas vous avouer être celui que je ne suis pas. » Son sourire s'est encore élargi et il en est venu à la seule question qui lui brûlât les lèvres et qui explique, sans doute, qu'il ait si vite accepté de me recevoir.

« Vous êtes vraiment le frère de David Guetta ? », m'a-t-il demandé avec une soudaine timidité et, lorsque je lui ai répondu que je ne pouvais pas le nier : « Quel homme ! m'a-t-il dit. Quel succès ! Quelle réussite ! J'ai énormément d'admiration pour lui et quand je suis à Ibiza, je ne rate pas ses soirées. Pouvons-nous prendre une photo ensemble ? » Clic-clac, c'était fait avant que je n'aie pu trouver le moyen de refuser. Johann Gudenus allait pouvoir impressionner ses enfants et, sortant de ses bureaux, j'ai appelé Raimund Löw du banc public sur lequel je reprenais mon souffle. Tu ne me croiras pas, lui disais-je, mais Gudenus vient de m'expliquer une heure durant que le FPÖ était un parti centriste. Comme moi, Raimund a ri mais aussitôt ajouté : « Il vient de tester sur toi le positionnement qu'ils prendront si Kurz se sent assez fort pour rompre la coalition, organiser de nouvelles élections et les renvoyer dans l'opposition. Bernard, tu as un scoop ! »

Fondamentalement, Raimund garde confiance dans la solidité de la démocratie autrichienne et de ses institutions. C'est pour cela qu'il refuse de paniquer et m'avait opposé son calme au soir de mon arrivée à Vienne. Sans doute n'a-t-il pas tort et mon autre complice, Georg Hoffmann-Ostenhof, m'attendait à moins d'un quart d'heure de marche dans une brasserie années cinquante, plutôt laide et bien peu viennoise. C'était comme une enclave, jeune, exterritoriale et rassurante. Il m'a redemandé, car il ne le comprenait pas bien, pourquoi j'avais abandonné les chroniques d'Inter dont il s'était plusieurs fois inspiré, m'a-t-il dit, pour ses propres éditoriaux. Je le lui ai expliqué mais « moi, lui ai-je dit, ce que je ne comprends mal est que vous puissiez rester aussi calmes Raimund et toi. Moi, tout cela me fait peur, monstrueusement peur, et Kurz peut-être plus qu'un Gudenus ». S'exprimant, comme toujours, très lentement et aussi pédagogue qu'à son habitude, Georg m'a donc brossé son tableau de la situation dont voici une synthèse.

D'un côté, le FPÖ opère un retour aux origines en recommençant à s'appuyer sur les fraternités étudiantes dans lesquelles il recrute mais, de l'autre, ces fraternités ne pèsent aujourd'hui plus grand-chose dans les universités. D'un côté, cette coalition a assuré sa victoire en jouant sur la peur de l'immigration mais, de l'autre, en 2015, il y a eu de magnifiques élans de solidarité avec les réfugiés et l'on ne peut pas dire que l'Autriche ait basculé dans la xénophobie. D'un côté, le FPÖ tisse sa toile et fait mine, « comme tu l'as vu », d'arrondir les angles mais, de l'autre, lorsqu'ils disent maintenant que l'antisémitisme n'a pas droit de cité dans leurs rangs, ça ne plaît pas à toute une partie de leur base et ce parti se divise tout autant sur les questions sociales car l'opération séduction de la classe ouvrière ne plaît pas non plus à tous ses militants.

D'un côté, poursuivait-il, les classes moyennes urbaines, celles qui pèsent toujours plus, n'achètent pas du tout le discours nationaliste et europhobe, pas plus que la moyenne bourgeoisie de Budapest, mais, de l'autre, l'extrême droite se renforce, c'est vrai, car l'Autriche connaît un immense bouleversement. Après avoir été préservée de tout, par sa neutralité et par le rideau de fer, elle est maintenant ouverte à tous les vents, par la chute du mur, à l'Est, et son entrée, à l'Ouest, dans l'Union européenne. Beaucoup de gens, a-t-il conclu, « ont besoin de frontières car, sans elles, on craint de ne plus contrôler son destin ».

D'un côté, de l'autre... Par son recul et son ton, Georg était plutôt rassurant mais les ministères régaliens aux mains du FPÖ, ça ne passait pas pour moi. Ma tête était d'accord avec Raimund et lui mais mon estomac ne l'était pas. Nous nous sommes embrassés, tendrement, fraternellement, et j'ai repris le tram, vers l'Opéra, dépassé l'hôtel Sacher et vite trouvé le restaurant où m'avait donné rendez-vous l'un des hommes les plus en vue de Vienne, Helmut Brandstätter, journaliste de presse écrite et de télévision, belle gueule et grande culture. Comme patron du *Kurier*, Brandstätter avait tellement bataillé contre la coalition et le ministre FPÖ de l'Intérieur en particulier que les propriétaires de ce grand quotidien populaire, le plus influent d'Autriche, l'avaient promu à un poste honorifique pour confier la rédaction à une journaliste à la nuque moins raide.

Il y avait une affaire Brandstätter. Elle venait d'éclater après que le ministre de l'Intérieur, Herbert Kickl, eut suscité une vague de protestations en demandant aux services de police de limiter leurs contacts avec les journaux jugés « critiques ». Trois d'entre eux, *Kurier*, *Der Standard* et *Falter*, étaient nommément cités dans cette circulaire qui avait rapidement fuité car la hiérarchie policière compte, forcément, beaucoup de cadres sociaux-démocrates et démocrates-chrétiens. Le SPÖ avait dénoncé une tentative d'« orbanisation » de l'Autriche. Le chancelier s'était démarqué de son ministre en déclarant que « le boycott ou l'exclusion de certains médias ne devaient pas exister en Autriche ». Ce n'était pas exactement la sacralisation de la démocratie dont

Johann Gudenus m'avait si bien parlé et l'émotion était d'autant plus grande qu'en février, le même Herbert Kickl, considéré comme la tête pensante de son parti, avait fait perquisitionner le siège des services de renseignements. Scène de politique-fiction, on avait alors vu la police autrichienne organiser un raid contre les services autrichiens au terme duquel auraient disparu des dossiers sur l'extrémisme de droite et ses liens avec des puissances étrangères – « avec la Russie » murmurent ambassades et rédactions.

M. Kickl est toujours en place mais Helmut Brandstätter ne l'était donc plus quand nous nous retrouvons dans ce qui était manifestement sa cantine, un Lipp viennois dont il connaissait et saluait tous les clients dont un ancien chancelier fédéral. L'atmosphère était légère, insouciante, mondaine mais il était, lui, particulièrement grave. Sans une allusion à son éviction, il m'explique, comme Georg, que le FPÖ est redevenu très « idéologue » et place tant de jeunes gens issus des confréries aux postes les plus importants de la Défense et de l'Intérieur que les responsables militaires et policiers lui parlent d'une prise de contrôle des forces de l'ordre et d'une peur qui s'installe dans les commissariats et les casernes. « Ce parti veut une révolution », me dit-il à plusieurs reprises et ce démocrate-chrétien en vient à évoquer son père, un catholique social, qui l'avait toujours mis en garde contre un retour à ce qu'il avait lui-même vécu. Il n'est plus seulement grave mais ému, troublé, et tous mes interlocuteurs de la vieille garde démocrate-chrétienne se sont montrés aussi inquiets.

À les entendre, le FPÖ ne se recentre pas du tout mais se radicalise, sur fond de montée internationale de l'extrême droite, et le jour où le chancelier se déciderait à l'écarter, ce parti aurait placé bien assez d'hommes dans l'appareil d'État pour pouvoir se muscler dans l'opposition, réincarné en défenseur des ouvriers et laissés-pour-compte. Ancien ministre de l'ÖVP et longtemps commissaire européen à l'Agriculture, Franz Fischler commence ainsi par me dire qu'il ne voit pas le FPÖ devenir majoritaire aux prochaines élections autrichiennes malgré le « réseau » qu'il se constitue mais ajoute, dans le même souffle, qu'au printemps prochain, aux européennes de 2019, alors là, oui, l'extrême droite peut d'autant plus progresser que l'abstention sera forte, en Autriche comme partout.

Il n'exclut pas, en fait, que l'ensemble des extrêmes droites européennes n'obtienne plus de sièges à Strasbourg que la social-démocratie et qu'en cas de nouvelle crise financière, comme en 2008 mais en pire, le FPÖ et ses partis frères ne deviennent majoritaires dans bien des capitales de l'Union. Cette perspective, il l'évoque avec tant de calme qu'on voit bien qu'il y a longtemps qu'il l'a fait entrer dans ses scénarios. C'est avec la même froideur résignée qu'il constate que « le FPÖ prend des positions de plus en plus extrêmes, qu'il en est critiqué mais marque à chaque fois des points car l'oubli suit bientôt le tollé ». C'est avec une telle distance, enfin, qu'il se demande : « Est-il possible de démontrer que les propositions de l'extrême droite sont claires mais fausses alors que la presse veut des réponses toujours plus courtes ? » qu'on comprend, au seul son de sa voix, à quel point il en doute.

Grand, massif, le visage mangé par une épaisse barbe blanche, Franz Fischler a tout d'un bonhomme Noël mais l'on ne sort pas rassuré des petits bureaux foutraques d'où son association défend l'unité européenne. On en sort décidément convaincu que la grande force de l'extrême droite est l'épuisement de la droite et de la gauche, comme en Pologne et en Hongrie, et qu'il y a là quelque chose d'imparable car les électeurs attendent des réponses aux questions que leur pose le changement du monde et vont les chercher là où il y en a, même fausses et mensongères.

Alors non, pas de malentendu, il n'y a pas plus de chemises noires dans les rues de Vienne que dans celles de Budapest ou de Varsovie. Vienne est plus douce, paisible et ronronnante que jamais mais, comme dans toute l'Europe, comme dans le monde entier, le sol y sonne creux, mangé par ces taupes qui symbolisaient la révolution en marche dans la mythologie communiste et dont on ne sait pas où elles mèneront aujourd'hui. Sourd mais encore plus audible que dans les répliques des transitions polonaise et hongroise, il y a un vide et c'est parce que la politique a horreur du vide que de nouvelles formations, en Autriche comme partout, tentent de s'imposer en nouveaux centres, à cheval sur les frontières politiques connues.

Pour toute une partie de la gauche autrichienne, Peter Pilz est l'irresponsable qui aurait porté l'actuelle coalition au pouvoir en décidant de rompre avec les Verts et de présenter ses propres candidats aux dernières législatives.

Avec 4,4 % des voix, sa « Liste Pilz » a remporté huit sièges au Parlement mais cette scission et son succès ont tellement affaibli les écolos qu'ils n'ont pas pu franchir le seuil des 4 % au-dessous duquel on est disqualifié. Un paquet de voix s'est ainsi perdu dans la nature alors qu'unis, les Verts auraient peut-être pu gouverner avec les sociaux-démocrates dans une coalition nettement moins inquiétante.

À gauche, peu le pardonnent à Peter Pilz mais, veste noire et T-shirt de couleur, le jeune sexagénaire qui m'attendait dans un bar jus de carottes et papas poules a ses raisons, non pas personnelles mais politiques. Comme Franz Fischler, il craint une nouvelle crise financière qui « doublerait les pourcentages de l'extrême droite » et constate qu'en raison « du nombre d'enfants et du niveau de revenus », les blocs d'immeubles ouvriers, grande fierté de la Vienne socialiste, « se turquisent » et que la voie s'ouvre ainsi à des tensions ethniques. Il n'exclut donc pas que les socialistes finissent par perdre la mairie de Vienne car « lorsque vous n'avez plus la confiance et plus rien à distribuer, vous êtes mort » et n'est pas loin de s'emporter en évoquant cette partie de la gauche qui « ne sort pas du Ring, vit dans une bulle et ne parle plus aux gens inquiets des reculs sociaux, du radicalisme de l'imam du coin et de l'envolée des loyers ».

Peter Pilz m'a moins fait l'impression d'être mû par une ambition aveuglante que par la peur d'un grand dérapage européen, une peur abyssale qui le conduit à vouloir combattre non pas la coalition mais le FPÖ. Il ne le dit pas mais on entend qu'il veut ménager la droite et le chancelier pour ne pas injurier l'avenir car « il y a dix ans, personne n'aurait imaginé que l'extrême droite puisse durablement s'installer aux commandes et personne n'aurait cru, il y a deux ans, qu'elle puisse prendre le contrôle des forces de sécurité ». Je peux me tromper mais, chez ce bravache solitaire, j'ai cru reconnaître l'un de ces baby-boomers, j'en suis, qui voudraient tant unir la terre entière et ses contraires contre la résurgence des nationalismes et de la haine de l'autre.

Cela signifie que Peter Pilz ne m'a pas plus rassuré que Franz Fischler ou Georg, mais que dire alors de ce jeune politologue socialiste que je voyais ensuite ? Conseiller des plus hauts dirigeants du SPÖ, il n'a pas tenté une seconde de me faire croire au brillant avenir de la social-démocratie autrichienne qui, pourtant, se maintient haut dans les sondages. Il la décrivait au contraire, et crûment, en panne d'idées, avant de me dire, textuellement : « Et si nous perdons Vienne, tout est fini. Une bonne partie de la direction se retrouve devant les tribunaux et c'est fini, totalement fini. »

Comment ça ? Que voulez-vous dire ? « C'est tout simple, m'a-t-il répondu : un siècle de gestion d'une capitale laisse forcément des traces de confusion entre les comptes de la ville et ceux du parti, non pas d'enrichissement personnel mais d'arrangements que demande la cause, et l'on ne survit plus à ce genre de révélations. » On n'y survit plus nulle part. J'aurais dû le comprendre de moi-même et, marchant vers ce quartier de l'hôtel de ville où Catherine et moi avions eu un appartement alors que j'étais happé par la Pologne de Solidarité, j'ai repensé aux treize années durant lesquelles Bruno Kreisky avait si bien gouverné l'Autriche qu'il en avait fait un aussi grand mythe socialiste que la Suède.

À l'époque, la social-démocratie semblait éternelle. Elle l'avait plus que jamais paru à la chute du mur mais c'est en quête de réponses sur le futur que je suis, pas en pèlerinage, et j'arrive maintenant à un autre rendez-vous avec un autre outsider, Matthias Strolz, fondateur de Neos, parti qu'il a fait entrer au Parlement en 2013, un an après l'avoir créé. « Nous défendons, me dit-il, une économie de marché sociale et durable, fondée sur le mode de vie européen, les libertés et l'État de droit. » Plus consensuel, on ne peut pas. Contraction des mots « Nouvelle Autriche » en allemand, à la fois de droite et de gauche, Neos est pour la préservation de la planète, pour le marché libre et pour la protection sociale. Ça lui avait rapporté 4,9 % des suffrages en 2013. Ce fut 5,3 % en 2017. Les sondages lui promettaient entre 7 % et 8 % aux européennes de 2019. Neos se taille une place sur l'échiquier politique car c'est un parti sur lequel peuvent se rabattre bien des électeurs de la droite et de la gauche, un parti attrape-tout qui pourrait appuyer Sebastian Kurz le jour où il romprait avec le FPÖ et dont le modèle est En marche, le parti d'Emmanuel Macron.

« Pour la nouvelle génération politique européenne, pour Kurz lui-même, Macron est tellement important ! » me dit Matthias Strolz, qui souhaite se rapprocher d'En marche pour les européennes car « nous avons tous besoin, eux comme nous, de cette affirmation commune sur nos scènes nationales ». C'était avant les

Gilets jaunes, avant que MM. Trump et Salvini ne se réjouissent publiquement de voir le président français en difficulté. Les synthèses sont incertaines et fragiles mais Neos et la Liste Pilz, quelque 10 % des voix à elles deux, existent sur la scène autrichienne et, dans l'avion qui me menait maintenant à Rome, je ne trouvais pas de raison de le regretter.

L'enquête italienne

Même dans les beaux quartiers, même dans ce cœur du luxe italien et de ses plus somptueuses vitrines formé par les rues cernant la Piazza di Spagna, Rome est plutôt sale. Après Vienne, cela ne me gênait guère. Après l'hygiénisme autrichien, je trouvais même du charme à ce côté légèrement douteux qu'a pris la Ville éternelle mais les Romains, eux, le reprochent toujours plus vivement à la municipalité 5 Étoiles contre laquelle ils ne cessent de manifester après l'avoir élue en juin 2016. Le problème est que Mme le maire, la jeune avocate Virginia Raggi, n'avait pas d'expérience municipale et qu'elle et son équipe ne sont pas à la hauteur de la tâche.

Plus je marchais vers la gare, plus la saleté devenait ostensible mais la petite terrasse sur laquelle j'ai retrouvé l'ancien maire démocrate, Walter Veltroni, était d'une impeccable propreté. C'était un resto d'habitués, une affaire de famille, et tout le monde saluait cet ancien communiste qui avait accompagné, en 1991, la transformation du PCI en Parti démocrate de la gauche. Élu maire de Rome en 2001 avec 53 % des voix, il avait été réélu en 2006 avec huit points et demi

de plus avant de prendre les rênes du Parti démocrate, désormais démocrate tout court et non plus
démocrate de gauche car le PD (on dit « le Pidi »)
est né d'une convergence d'anciens démocrates-
chrétiens et d'anciens sociaux-démocrates, souvent venus du communisme.

Walter Veltroni n'y occupe plus aucune fonction. Devenu réalisateur, il s'est même éloigné de
la politique et nous nous connaissons depuis si
longtemps, depuis toujours, qu'il va vite, parlant
du monde et non pas de la seule Italie. « La crise
de la démocratie, dit-il, tient premièrement à la
récession que nous vivons depuis 2008, la plus
grande de l'Histoire moderne ; deuxièmement,
au décalage entre la rapidité des changements en
cours et le temps que demande la démocratie et,
troisièmement, à cette simplification de la communication et de l'accès à la connaissance qui
porte à la radicalisation car tout est su mais sans
plus aucune médiation. »

Comme tant d'Italiens de cette génération,
Walter parle français et cela me donnait la possibilité d'en même temps noter et décrypter ce
qu'il me disait. Je ne suis pas certain que 2008
ait provoqué la plus grande récession des temps
modernes mais le monde, c'est vrai, avait plus
vite surmonté la crise de 1929, alors que celle-là
s'éternise et pourrait rebondir.

Le décalage ?... Oui, bien sûr ! Quand elle
ne recule pas, l'unité européenne avance beaucoup moins vite, par exemple, que l'affirmation chinoise ou la renaissance russe et, autre
exemple, le réchauffement climatique ou les progrès de l'intelligence artificielle demanderaient
une rapidité de décisions que la démocratie

ne permet pas. Quant à la simplification de la communication, alors là, ses ravages sont permanents, fausses nouvelles diffusées sur la Toile, effet grossissant des chaînes d'information continue ou accès direct à des faits qui ne peuvent être compris et mis en perspective sans un minimum de connaissances.

« Il n'y a plus ni passé ni futur, poursuivait Walter. Il n'y a plus qu'un présent, un "présentisme" qui exige des réponses immédiates, claires, simples et donc simplistes. La précarité sociale est devenue telle, disait-il encore, qu'elle fait vivre dans une précarité psychologique, non plus en société mais refermé sur soi-même, dans une peur de tout, partout présente, qui a suscité ce 68 réactionnaire dans lequel nous sommes entrés car l'espoir, c'est la gauche, mais la peur, c'est la droite. »

Je sors cette dernière phrase de mes notes et la couche sur cette page en attendant qu'Emmanuel Macron prononce l'allocution par laquelle il tentera d'apaiser les Gilets jaunes à coups de milliards d'euros. Je la resserre un peu, relis celles qui précèdent, et reste stupéfait de voir à quel point ce diagnostic italien sur l'état du monde s'applique à l'explosion de colère qui a ébranlé la France en décembre, à cette peur de la précarité qui a jeté les moins pauvres des plus pauvres sur les ronds-points de province puis la place de l'Étoile. J'étais parti en Europe centrale et, dans le télescopage des temps de l'enquête et de la rédaction, me voilà en France, déchiffrant sans surprise les derniers mots de Veltroni que j'ai notés : « Nous sommes dans la République de Weimar »

– autrement dit dans ces temps incertains qui avaient conduit à la montée du nazisme.

À Vienne, Budapest et Varsovie, j'avais souvent eu à expliquer le phénomène Macron. À Rome, non, jamais, car les Italiens ont eu leur Emmanuel Macron en la personne de Matteo Renzi, l'ancien maire démocrate de Florence qui avait organisé, en 2014, la chute du président du Conseil, Enrico Letta, membre du même parti que lui, le Parti démocrate au sein duquel il l'avait mis en minorité. Letta était un homme prudent et réfléchi. Il savait prendre son temps et savait qu'il faut le prendre alors que Renzi, devenu président du Conseil à trente-neuf ans, à l'âge auquel Macron est devenu président de la République, était un homme pressé, additionnant les réformes au rythme auquel Macron allait le faire, surprenant tout le monde, séduisant chacun et remportant les élections européennes de 2014 avec 41 % des voix, du jamais-vu.

Tout réussissait au « démolisseur », c'était son surnom, *il rottamatore*, qui se voyait déjà reconstruire la gauche européenne autour de lui comme Tony Blair avait rêvé de le faire, mais autant il était jeune, audacieux et tout en muscles, autant il était seul, sans appuis organisés et de plus en plus mal vu de son propre camp. Il ne le voyait pas mais, à force de tordre le bras aux salariés et aux syndicats en libéralisant le marché du travail, il coupait la gauche de sa base et sciait la branche sur laquelle il était assis. Il le voyait encore moins mais la somme des intérêts et des ambitions qu'il contrariait était telle qu'elle permettra au Mouvement 5 Étoiles d'opérer sa première percée électorale aux municipales de 2016 et qu'en décembre de la même année Matteo Renzi perd un référendum avec plus de 59 % de « non », dirigés contre lui, personnellement, et non pas contre la réforme constitutionnelle qu'il avait soumise au vote.

Face à la montée des extrêmes droites et faute de grands partis de gauche et de droite à même de parer le danger, le syncrétisme politique est une nécessité. C'est pour cela qu'à la veille des européennes de 2019, les Verts avaient le vent en poupe, dans tant de pays européens, auprès d'hommes et de femmes qui sont moins écologistes qu'hostiles à l'extrême droite et las des grands partis. C'est aussi pour cela qu'il y a un tel fourmillement, en Pologne, de mouvements en gestation et que Matthias Strolz et Peter Pilz, à bas niveau mais tout de même, se sont inscrits sur l'échiquier autrichien. C'est également pour cela que « l'en même temps » d'Emmanuel Macron a séduit tant de gens en France mais la difficulté est que toutes ces tentatives de synthèses démocratiques s'incarnent dans des hommes seuls ou des mouvements encore bien neufs, sans racines solides ni continuités historiques, et qu'à l'heure du « présentisme », la déception qu'ils finissent forcément par susciter peut bien vite être à la hauteur de l'enthousiasme qu'ils avaient d'abord créé.

Ce qui m'a le plus frappé à Rome aura finalement été que la crise de la démocratie soit telle aux yeux de Walter Veltroni qu'il se soit retiré de la vie politique car, enfin... Au début des années quatre-vingt-dix, lorsque le fondateur de *la Repubblica*, Eugenio Scalfari, me l'avait fait rencontrer, le jeune homme qu'il était encore ne vivait que par la politique et pour elle. C'était un croyant qui avait cru à l'eurocommunisme inventé par son parti et qui avait eu bien raison d'y croire. Anticipation d'un tournant social-démocrate et total rejet du totalitarisme stalinien, l'eurocommunisme avait été un facteur d'évolution du mouvement communiste encore plus fondamental à l'Est qu'à l'Ouest. Le mur tombé, ses inventeurs s'étaient logiquement faits sociaux-démocrates – « démocrates de gauche », disaient-ils – avant de fusionner, dans le Parti démocrate tout court, avec ceux des démocrates-chrétiens qui refusaient la droitisation de la droite par Silvio Berlusconi, l'homme d'affaires qui avait, lui, anticipé Donald Trump.

Le Parti démocrate avait été En marche avant la lettre, En marche mais en bien plus solide puisque c'était une fusion d'appareils et pas seulement de militants perdus en quête de l'alchimie permettant de transformer un chemin de boue en boulevard de l'avenir radieux. Ça avait marché, 41 % aux européennes, incroyable, un triomphe romain, mais j'arrive maintenant à la Chambre des députés et dans la nuit tombée, il était plus de 19 heures, je me prends les pieds dans une lourde chaîne décorative que j'avais cru pouvoir enjamber sans problème pour rattraper mon léger retard. Téléphone, Bic, carnet, lunettes et passeport, tout a volé de mes poches. J'ai salement mal au tibia gauche que je me masse prudemment pendant que deux gardes de l'Assemblée me proposent d'appeler une ambulance. Non, non, rien de cassé, mais quel symbole !

Je suis attendu par le plus europhobe des députés de la Lega, Claudio Borghi, président de la commission du Budget, et je m'écroule devant cette Chambre que dominent son parti et les 5 Étoiles, une extrême droite régionaliste devenue nationaliste et un mouvement créé par un clown, Beppe Grillo, qui avait juré d'envoyer toute la classe politique se faire mettre, en plus cru, et qui y était arrivé en deux temps, trois mouvements. Je suis tombé à terre devant une réalité que je digère mal et voilà maintenant que les huissiers refusent de me laisser passer par la porte que m'avait indiquée le texto du président de la commission du Budget. Boitillement ou pas, ils veulent me faire faire tout le tour du bâtiment pour rejoindre l'entrée de presse. J'appelle Claudio Borghi au secours. Il soupire : « Quelle bureaucratie ! J'arrive ! »

Au plus grand dépit des fonctionnaires de la République, l'extrême droite me prend sous son aile protectrice. Gêné, je souris à la fonction publique qui choisit de m'ignorer. Me voilà remerciant mon sauveur europhobe et lorsque j'enchaîne, dans la porte-tambour, en le complimentant sur son français, il m'achève, l'air de rien. « Au lycée, me dit-il, je ne comprenais pas bien à quoi me servirait le français puisque je me débrouillais déjà en anglais mais maintenant, si, je vois : quand Marine Le Pen vient à Rome, ça me facilite les choses. » Il ne pouvait pas ignorer que ce serait, pour moi, un direct à l'estomac. Il m'avait forcément lu, dans *la Repubblica*, *L'Espresso* ou *Internazionale* mais j'ai souri, à pleines dents, l'œil rieur malgré la boule de feu qui me brisait le tibia.

Tentures, tableaux et lourds rideaux, le bureau de Claudio Borghi avait grande allure et, campé dans un fauteuil à dossier droit, c'est avec la patience d'un prof bienveillant s'adressant au cancre des cancres qu'il m'explique pourquoi la coalition ne rompt pas avec l'euro, contrairement à ce qu'il souhaiterait, lui. « Quand nous avons formé ce gouvernement tellement étrange », me dit-il... Je l'arrêterais bien. Je voudrais évidemment lui demander en quoi ce gouvernement est tellement étrange à ses yeux, mais à quoi bon ? Personne n'ignore que la Ligue est libérale comme le sont les petits entrepreneurs du Nord, sa base électorale, alors que les 5 Étoiles veulent offrir un revenu minimum à tous les Italiens et qu'il a fallu que Matteo Renzi refuse de s'allier à eux pour que se forme cette coalition dont aucun des deux partis n'avait d'abord voulu.

Cette coalition, c'est la carpe et le lapin, autrement plus étrange que la coalition autrichienne mais, puisque Claudio Borghi le reconnaît de lui-même, laissons-le poursuivre. « ...Dans nos premières discussions, j'ai demandé aux 5 Étoiles : "Et l'euro ?" mais il n'était même pas question d'en discuter. Quant à nous, la Lega, nous sommes un parti démocratique et lors de notre dernier congrès, la motion adoptée appelait à un effort coordonné de changement de la zone euro car nous pensions que Mme Le Pen allait l'emporter... » Il s'arrête, me regarde et me demande : « Vous, vous la comprenez Marine Le Pen ? » Euh... Eh bien... C'est-à-dire, si vous voulez le savoir : non, pas vraiment. « Eh oui ! Elle est bizarre. Je comprenais beaucoup mieux Florian Philippot. Dommage qu'il soit parti... » Il ne le dit pas mais, comme l'ancien bras droit de Marine Le Pen, Claudio Borghi déplore que la présidente et candidate du FN ait fait machine arrière sur la sortie de l'euro à quelques jours de son débat calamiteux avec Emmanuel Macron. Il ne trouve pas cela bien cohérent et s'en sent un peu trahi bien que son patron, Matteo Salvini, soit toujours en excellents termes avec cette Française qui a tellement déçu toute l'extrême droite européenne dont elle n'est maintenant plus la cheffe de file.

Mais vous ? Vous voudriez toujours sortir de l'euro ? « Il faut bâtir, répond-il, un mouvement paneuropéen qui change la donne au printemps car, regardez : à chaque fois qu'on a demandé aux peuples ce qu'ils en pensaient, c'était "non" à cette Union mais ça n'a rien changé car l'euro est un verrou. Les Britanniques ont pu choisir le Brexit car ils avaient leur monnaie alors que la Grèce »... Je ne lui ai pas dit que les Britanniques semblaient bien avoir des deuxièmes pensées et que les Grecs ne voulaient pas plus sortir de l'euro que de l'Union alors que les Allemands auraient été ravis qu'ils le fassent. Une fois de plus, je me suis intimé l'ordre de me taire mais vous, Monsieur le président, personnellement, l'euro ?...

Réponse : « Nous n'avons pas, aujourd'hui, de mandat du peuple italien pour en sortir. » Il ne pouvait pas dire le contraire. C'est un fait mais, si vous obteniez ce mandat, de quelle Europe voudriez-vous ? Il le savait, sans l'ombre d'une hésitation. L'Europe qu'il voudrait est celle que disent désormais souhaiter beaucoup des extrêmes droites, « celle d'avant Maastricht, celle qui marchait jusqu'à l'euro et c'est logique car... Allez dans n'importe quelle banlieue : là où s'alignent des pavillons familiaux, c'est le calme et les enfants jouent tranquillement sur les pelouses alors que là où l'on a bâti des immeubles communs, c'est... C'est ce que vous savez ».

La Lega a également placé un adversaire déclaré de l'euro à la commission des Finances du Sénat et, à l'automne, ce que Claudio Borghi attendait des élections européennes du printemps était qu'elles donnent une majorité relative aux souverainistes afin que le PPE doive revoir ses alliances et que le champ des possibles se rouvre. « On nous dit qu'il est presque impossible de sortir unilatéralement de l'euro ou, même, de vraiment changer les choses, a-t-il conclu, mais voyez ce qui se passe avec les migrants. Il était impossible de les arrêter et de repousser les navires mais nous avons dit "non" et c'est devenu possible. C'est fait ! Nous avons redonné une voix au peuple et à beaucoup de gens en Europe, ceux qui n'avaient plus de voix et avaient perdu l'espoir de compter. »

Aussi chamarré qu'un maréchal d'Empire, un huissier m'a raccompagné à la porte-tambour et, le long des trottoirs de cette ville qui n'aura jamais cessé, du fascisme au Parti démocrate, d'être le laboratoire politique de l'Europe, je me suis autorisé à boiter, carrément, péniblement et me demandant, bien sûr, si la Ville éternelle annonçait à nouveau l'Europe du futur.

Bien que je n'y aie jamais vécu, j'ai presque autant de souvenirs à Rome qu'à Varsovie. Encore adolescent, j'y étais venu en stop avec mon ami Mano. Ma sœur y est installée depuis ses vingt ans et, devenue star d'un feuilleton télévisée, parle aujourd'hui mieux l'italien que le français. Je ne peux pas m'approcher du Vatican sans revivre les visites de Walesa puis de Gorbatchev reçus par Jean-Paul II dans des moments qui ont fait l'Histoire. J'ai mis longtemps à aimer cette ville à laquelle, pendant des années, j'avais préféré Naples et Florence mais, aujourd'hui, je pourrais y vivre et Rome me rappelle, avant tout, ma plus grande aventure, ce projet de création d'un nouveau quotidien français qu'avait conçu Eugenio Scalfari et dont il m'avait confié les commandes.

L'argent était là, apporté par *El País*, *la Repubblica* et *The Independent*. C'est sur les rotatives de *la Repubblica* que nous avions imprimé un numéro zéro de fière allure. Ce quotidien devait devenir le cœur d'un réseau de journaux européens de centre-gauche et pro-européens, de journaux engagés, de journaux-partis comme l'étaient ses trois actionnaires. Lorsque j'en préparais les pages, je pensais à la fois journalisme, politique et Europe, pendu au téléphone avec Scalfari ou dans d'incessants allers-retours entre Paris et Rome. C'était fait. Nous allions sortir mais, à Paris, ce projet faisait de l'ombre à quelques hommes qui ont su le tuer.

Les journaux-partis manquent aujourd'hui à l'unité européenne qui n'a pas de relais d'opinion paneuropéens. Je ne peux jamais revenir à Rome sans repenser à cette occasion manquée et sans aller, bien évidemment, à *la Repubblica* où m'attend, ce matin-là, Ezio Mauro avec lequel j'ai couvert, à Moscou, la fin de l'URSS. Ezio a dirigé le journal pendant vingt ans et Berlusconi avait eu, en lui, un adversaire aussi obstiné que posé. « Imagine, me dit-il, un Italien qui n'est jamais sorti du pays et dont l'horizon se limite à sa ville ou son village. Il ouvre un matin ses volets et que voit-il sur les bancs publics en face de chez lui ? Des réfugiés afghans, syriens ou érythréens qui lui demandent, en *globish*, un peu d'eau, de l'aide, une couverture. Il fait ce qu'il peut. Ce n'est pas un mauvais homme, mais la mondialisation vient d'arriver à ses pieds, à domicile et, quand il n'y a plus une famille de réfugiés mais trois, il est bientôt perdu et la gauche ne l'aide pas à s'y retrouver alors que Salvini, lui, a saisi l'esprit du temps. »

Tu veux dire ?... « Oui, comme partout, comme ce que tu viens de voir dans ton périple : cette peur de bouleversements trop nombreux et trop soudains, ce besoin de protection et de réassurance auquel Salvini sait répondre par des postures et une brutalité verbale créant l'illusion d'un pouvoir fort. La politique a été inventée, poursuit-il, pour émanciper de la peur mais, comme les prédicateurs médiévaux, Salvini martèle, lui : "Souviens-toi d'avoir peur !" et, naturellement, les gens s'en souviennent d'autant mieux que la crise est l'acteur majeur de la décennie, qu'elle a transformé l'injustice en précarité et créé un ressentiment que les partis ne sont plus assez forts pour convertir en programme politique. Le ressentiment est entré en politique, à l'état brut, au point de devenir une antipolitique. »

Fin octobre 2018, les sondages donnaient 16 % d'intentions de vote au Parti démocrate, vingt-cinq points de moins qu'aux européennes de 2014. Stefano Folli, éditorialiste politique de *la Repubblica* : « La droite était si affaiblie et la gauche tellement coupée de ses racines qu'une partie de la gauche a choisi les 5 Étoiles tandis qu'une partie de la droite se rangeait derrière la Ligue. Les électeurs des 5 Étoiles veulent une protection sociale, ceux de la Ligue veulent être protégés de l'immigration. C'est complètement différent, mais le fait est que ces deux électorats veulent une protection que ni la gauche ni la droite n'offrent plus. »

C'est ainsi que la carpe avait finalement épousé le lapin mais maintenant ? « Je ne vois pas comment la gauche réformiste et la droite modérée pourraient satisfaire l'attente des électeurs et, en admettant que la coalition éclate, la Ligue remporterait la mise puisque les sondages la mettent maintenant devant les 5 Étoiles et qu'elle pourrait s'allier aux restes du berlusconisme et aux Fratelli d'Italia pour former une majorité. »

Les Frères, c'est une extrême droite à la droite de la Ligue, descendants lointains mais en droite ligne du fascisme. Ce qu'il y a de bien, avec le fond, est qu'il n'est jamais atteint. Ça peut toujours être pire puisque « le populisme, m'assène maintenant Eugenio Scalfari du haut de ses quatre-vingt-quatorze ans, porte toujours à la dictature car, faute d'un programme, il lui faut s'incarner en un homme ». Eugenio est un ami plus qu'intime. Je pouvais lui objecter que Salvini avait un programme, signé avec les 5 Étoiles et qui… Mais il m'a coupé : « Bernard, son programme, c'est l'homme blanc, pas d'immigrés, pas plus ailleurs en Europe que chez nous et, pour le reste… » Il voulait dire « pour le reste, laisse tomber » mais ajoute une chose que beaucoup d'autres m'ont dite à Rome : « Salvini, c'est un lien avec Poutine qui le considère comme sa tête de pont en Europe. Poutine veut pénétrer en Méditerranée et, si Salvini devient demain le patron de l'Italie, il sera investi des intérêts méditerranéens de la Russie. »

Poutine à Budapest, Poutine à Vienne, Poutine à Rome, Poutine œuvrant, à Washington, à l'échec d'Hillary Clinton et à la victoire de Donald Trump, Poutine soutenant, à Paris, Mme Le Pen contre Emmanuel Macron – qu'elle soit au pouvoir ou dans l'opposition, on ne peut pas s'intéresser à l'extrême droite sans se retrouver face à l'homme qui dirige la Russie depuis vingt ans après avoir inventé la « dictature de la loi », la « verticale du pouvoir » et toutes les recettes de ce que Kis János appelle « l'autoritarisme électif ».

Hier Mecque des cocos, Moscou est aujourd'hui celle des fachos. Si différente qu'elle soit, la « main de Moscou » est redevenue une réalité et tout le problème est que, si les communistes italiens ne pouvaient pas imposer un régime communiste puisque l'équilibre de la guerre froide avait placé leur pays dans l'orbite occidentale, rien n'empêcherait aujourd'hui la Lega et son si populaire dirigeant de prendre exemple sur Viktor Orbán, Vladimir Poutine ou Recep Erdogan. L'Italie s'en trouverait en rupture avec l'Union européenne dont elle est l'un des six pays fondateurs. Son économie en pâtirait gravement mais c'est l'Union qui en serait brisée, pas l'Italie, pas immédiatement en tout cas. Ce n'est pas à Vienne, pas à Varsovie et pas même à Budapest que l'accession au pouvoir des extrêmes droites souverainistes est la plus inquiétante. Non, c'est à Rome car c'est là qu'elle pourrait avoir les conséquences les plus graves pour toute l'Europe, sauf... Sauf que les institutions italiennes

sont solides, que l'indépendance de la magistrature et les pouvoirs constitutionnels du président
de la République constituent des verrous et que
les 5 Étoiles n'aspirent pas à l'instauration d'un
régime fort autour d'un homme providentiel,
tournant auquel s'opposerait même l'écrasante
majorité d'entre eux.

Cette fois-ci, j'ai prudemment contourné les
chaînes basses entourant la Chambre des députés
et c'est à l'heure et sur mes deux jambes que je suis
entré dans le bureau de son président, Roberto
Fico, quarante-quatre ans, grand collier de barbe
noire, visage juvénile et considéré comme le
chef de file de l'aile gauche des 5 Étoiles. « Les
5 Étoiles, dit-il, sont encore un mouvement jeune,
né en 2009 et qui rejetait à ses débuts tout le système, Ligue comprise puisqu'elle avait déjà gouverné plusieurs fois, au niveau régional, dans le
Nord, puis au niveau national, avec Berlusconi. »
Troisième personnage de l'État, Roberto Fico
dresse, à ma demande, la liste des divergences et
convergences entre les partenaires de la coalition.
« La première différence est donc notre jeunesse,
reprend-il, et la deuxième est l'importance qu'ont
pour nous les idées de biens publics et de secteur
public, alors que la Ligue a une approche plus
libérale et envisage des privatisations dont nous,
nous ne voudrions pas. »

« Oui, c'est une énorme différence, admet-il,
et la troisième est d'ordre quasiment philoso-
phique car nous n'avons pas le même regard sur
les questions de sécurité. Pour la Ligue, il faut
plus de policiers, plus de sanctions exemplaires
et jeter la clé après avoir mis les gens en prison.
Nous, nous insistons à l'inverse sur le budget de

l'enseignement, la réhabilitation urbaine et la préparation des sorties de prison par la formation professionnelle des détenus. »

Voilà. Sa liste des divergences est faite et lorsque je lui fais remarquer qu'il en oublie une, de taille, il se tourne vers ses deux collaborateurs présents, cherche leur aide, se retourne vers moi, tout perplexe, et se frappe soudain le front : « Mais bien sûr ! Il y a les droits, très important ! » C'est la question des droits individuels qui lui est revenue à l'esprit car autant la Ligue joue la carte de la morale la plus puritaine et de l'alliance avec le clergé traditionaliste, autant les 5 Étoiles sont totalement libéraux en la matière et partisans de laisser chacun gérer sa vie comme il l'entend. Là, on y est. La liste est complète, et quand je lui fais remarquer qu'on a là, face à face, sur chaque point, une droite et une gauche aussi différentes que toutes les droites le sont de toutes les gauches et inversement, Roberto Fico sourit, ne dément pas, dit « oui » des yeux mais objecte, car c'est son objection, nullement infondée, que la Ligue et les 5 Étoiles étaient les deux gagnants des législatives de mars 2018, qu'il leur était donc « obligatoire » d'essayer de gouverner ensemble car il aurait été « impensable » de procéder à de nouvelles élections et que le seul fait qu'ils le tentent marque de leur part une « évolution ».

« Laquelle ? », lui ai-je demandé d'un geste de la main, et l'essence de sa réponse était que la Ligue et les 5 Étoiles s'étaient fait des concessions réciproques en signant un « contrat de gouvernement », que l'une avait accepté, par exemple, que la loi garantisse que l'eau reste un bien commun et que les autres s'étaient résolus, dans une révolution culturelle, à l'idée qu'il faille faire des compromis pour gouverner. Il disait vrai. Totalement improbable, cette coalition s'est bâtie sur le modèle contractuel des grandes coalitions à l'allemande, avec un programme commun négocié point par point, mais peut-on imaginer que cela puisse être l'amorce d'une convergence entre ces deux formations, d'un rapprochement de fond qui pourrait annoncer l'émergence d'un nouveau courant politique, encore en précipitation chimique ?

Roberto Fico ne le pense pas. « Nous resterons deux forces différentes », et la preuve en est, m'a-t-il fait remarquer, que la Ligue et les 5 Étoiles feront listes séparées aux élections européennes. « Oui, c'est assez paradoxal, il ne le niait pas, mais nous vivons une période paradoxale et ne pourrions pas nous allier à Matteo Salvini aux européennes pour la même raison que nous ne pourrions pas, à Strasbourg, nous allier à Marine Le Pen. » Le président de la Chambre venait de me dire là que les 5 Étoiles ne se reconnaissaient pas dans le souverainisme des extrêmes droites. Plus frappant encore, si Roberto Fico veut bien sûr, comme chacun, que l'Union change, ce n'est pas pour réduire son champ d'action mais « pour qu'elle soit plus politique, que sa Banque centrale puisse émettre des bons d'emprunt européens, qu'elle ait vraiment un budget commun et que nous nous demandions pourquoi rester séparés alors que nous vivons sous le même toit ». Ce n'était pas du tout la manière dont Matteo Salvini, Viktor Orbán ou Marine Le Pen abordent les questions européennes. Ça sonnait plutôt français, espagnol ou luxembourgeois, Macron pour ne pas le dire. L'entretien avait duré deux heures au lieu d'une mais, alors que j'allais refermer mon carnet, les rôles se sont inversés : « À notre place, vous feriez quoi ? » me demande le président de la Chambre.

Vous ne suivrez pas mon conseil, lui ai-je répondu, mais à votre place, je romprais la coalition dès ce soir, pas dans six mois, pas dans six jours, mais dès ce soir car plus vous attendrez, plus vous perdrez du terrain. J'ai ajouté que Salvini les faisait forcément reculer car les dénonciations de l'immigration étaient plus parlantes et payantes que la complexité des 5 Étoiles. Il n'a pas protesté. Il a acquiescé d'un hochement de tête mais n'a pas prononcé un mot, un seul, que je puisse citer, et j'ai filé à la gare, attraper le TGV pour Turin.

La dernière fois que j'y étais allé, la Ligue et les 5 Étoiles venaient d'annoncer leurs fiançailles. J'étais invité à un débat sur l'unité européenne mais, dans cette assistance d'europhiles, on ne pensait qu'à la coalition qui se profilait. L'atmosphère était lourde d'inquiétudes. Comme Français, j'étais la planche de salut puisque Macron, n'est-ce pas, allait faire rempart. Il me revenait donc d'expliquer que l'avenir restait radieux. Je m'en étais tiré par la maïeutique, posant plus de questions que je ne donnais de réponses. Je ne garde pas un bon souvenir de cette soirée mais elle allait compter dans ma vie car, arpentant le marché auquel mon hôtel tournait le dos, je suis tombé, le lendemain, sur une poignée de militants de la Ligue installés derrière une table de camping. Je m'approche, regarde, écoute. Ils faisaient signer une pétition pour je ne sais plus quoi et, lorsqu'ils ont compris que j'étais français et journaliste, « Ah, oui ! France Inter », ils ont commencé à me dire qu'il ne fallait pas que les Français s'inquiètent, que tout irait bien mais que l'immigration, ça suffisait, et que la future coalition y mettrait bon ordre. Mis à part une élégante de ma génération, ils étaient plutôt jeunes, prolos ou *low middle class*. Par sa mise et son âge, Paola tranchait dans ce groupe. Elle s'est levée. J'ai bientôt su qu'elle n'avait raté un mandat parlementaire qu'à très peu de voix. Je lui ai proposé un café, sous les arcades, derrière nous, et j'étais sorti de cette conversation intrigué, déboussolé par cette professeur d'économie à la retraite qui avait rejoint la Ligue, à l'époque « Ligue du Nord », parce qu'elle avait réalisé qu'elle était beaucoup plus libérale que les programmes qu'elle était chargée d'enseigner. Elle le disait tout tranquillement, solidement à droite mais posément et avec beaucoup plus d'intelligence et d'ouverture d'esprit que je n'en aurais prêté à son parti. Je ne comprenais d'ailleurs pas qu'elle en soit membre car je la voyais beaucoup plus en démocrate-chrétienne. J'étais d'autant plus surpris qu'elle me parlait en confiance, sans rien dissimuler de ses interrogations et me disant très vite que cette coalition ne pourrait pas tenir car ses partenaires avaient des programmes économiques trop différents.

Était-il rassurant que la Ligue ait pu présenter quelqu'un d'aussi peu extrémiste ? Était-il au contraire inquiétant qu'elle morde à ce point sur le centre-droit ? Je ne savais pas. Je ne m'y retrouvais guère et la seule chose dont je fus sûr était que je ne pouvais plus continuer à rendre compte de l'évolution du monde sans aller le voir changer et que puisque Inter ne pouvait pas ou ne voulait pas me laisser sortir du studio, je devais en revenir à ma vieille idée de reportages en livres et tâcher de la vendre à mon éditeur. Paola me parlait mais j'étais ailleurs. J'étais dans les bureaux de Flammarion, expliquant l'économie de ce projet. J'annonçais déjà mon départ à la directrice d'Inter, Laurence Bloch, car j'avais bel et bien décidé, sous les arcades de Turin, de changer de vie.

Plus les jours passaient, plus je m'en convainquais et puis, la vie, il ne faut pas la laisser décider pour vous mais en décider, tant qu'on est vivant. Je ne voulais pas mourir au micro. Après la presse écrite et la radio, je voulais une troisième vie, les livres, un nouveau défi, un tour du monde en livres, le monde en feuilleton. Putain !... Qu'est-ce que ça me plaisait et quand Paola m'a envoyé un court mail pour me dire qu'elle m'avait écouté un matin, que je ne l'avais pas convaincue sur tout, loin de là, mais que je lui avais donné à penser, allez ! Pas l'Algérie d'abord, pas l'Iran non plus, mais l'Autriche-Hongrie reconstituée par les souverainistes et on appellera ça *Enquête au Facholand*, enfin, non, on trouvera mieux, plus sobre en tout cas.

Ainsi fut fait et de Budapest, j'avais demandé à Paola si elle pourrait m'organiser une rencontre avec la base turinoise de la Ligue. Elle était en vacances sur la Côte d'Azur. Je l'ai relancée. Elle ne s'engageait à rien mais allait essayer. Je lui avais un peu forcé la main en lui indiquant mon jour et mon heure d'arrivée et nous revoilà sur le même marché, devant la même table, sous le même parasol, face à un long jeune homme barbu, allure soixante-huitarde et visiblement fauché, et un tout petit bout de femme aux cheveux rouges, une femme de ménage, équipe de nuit pour les bureaux et limite quart monde.

Lui : « Ce que nous avons de commun avec les 5 Étoiles, ce sont nos différences car elles nous rendent complémentaires. » Il a rejoint la Ligue en 2015, « à cause de l'immigration incontrôlée ». Il y a un défi dans son regard. Sans Paola, je ne suis pas certain qu'il aurait accepté de me parler mais « les 5 Étoiles et nous, poursuit-il, nous sommes antisystèmes et, si les parallèles ne se rejoignent jamais, elles ne se heurtent jamais non plus ». « Oui, cette coalition va durer et je le souhaite », dit-il avant que sa camarade, d'origine albanaise mais immigrée « légalement » il y a vingt ans, ne m'explique qu'il y a « des gens assis et des gens debout dans les cafés » et qu'ils sont, eux, à la Ligue, « les gens debout de l'Italie ».

J'ai souri mais le courant ne passait pas. Il y a trop de différences de regard politique, ai-je d'abord pensé, de milieu et peut-être, même, de classe sociale mais non ! J'ai couvert beaucoup de grèves sans jamais ressentir cela et sans jamais être vu comme un ennemi. J'ai gardé plusieurs amis de ces moments de vie mais alors quoi ? Je cherchais encore, roulant vers un autre marché dans la voiture de Paola, quand m'est revenu à l'esprit ce mot de « ressentiment » qu'Ezio Mauro avait prononcé devant moi. Oui. C'était cela. Dans le regard de ce jeune homme, il y avait un ressentiment contre les immigrés et contre « le système », l'absolu rejet d'un monde nouveau qui ne lui avait pas fait de place ou dans lequel il n'avait pas su s'en faire, qu'importe, le résultat est le même, et qui charriait jusqu'à lui d'autres naufragés, plus courageux que lui et qui avaient, eux, pris le risque de marcher vers d'autres rives comme tant d'Italiens l'avaient fait en d'autres temps, quand ils partaient vers la France, les États-Unis ou l'Argentine. Ce jeune homme me regardait avec haine car, pire que d'une classe, je fais partie d'un monde auquel il ne pense pas pouvoir accéder, et moi, petit délire paranoïaque, je le voyais défoncer ma porte un matin et me passer par la fenêtre pour crime, comme dit Mme Le Pen, « d'européisme » et « d'immigrationnisme ».

Du centre-ville, nous sommes passés dans un quartier nettement plus modeste. Nous étions attendus par un ex-élu régional, quadragénaire autoritaire et trapu, qui nous a conduits jusqu'à un bistro branlant où une poignée d'autres militants, retraités et employés de bureau, pas tout jeunes, avait déjà commandé cafés et croissants. Moi, ça pouvait aller, avec mon jean et mon col roulé, mais Paola détonnait totalement. « Ils m'appellent la bourgeoise de la Ligue », m'a-t-elle glissé à l'oreille pendant que l'ex-élu me disait : « Notre souhait est, bien sûr, de gagner seuls les prochaines élections mais, si nous ne voulons pas décevoir les électeurs, nous ne devons pas briser une coalition dont les résultats sont là. » Le plus âgé des retraités : « Et puis il y a le contrat de gouvernement ! » L'ex-élu : « Oui, et nous le respectons ! Nous n'avons plus d'immigrés (à part ceux que la France nous renvoie...) et nous aurons bientôt le revenu universel. »

Justement, n'est-ce pas un peu paradoxal qu'un parti aussi libéral que la Ligue veuille instaurer le revenu universel des 5 Étoiles ? L'ex-élu : « Bien sûr que oui, mais c'est comme un mariage. Ce n'est pas forcément éternel mais, si deux personnes restent ensemble, c'est mieux, pour les enfants et les voisins, et l'Europe a ainsi plus de respect pour l'Italie. » N'aurait-il pas été plus logique de gouverner avec les autres partis de droite, avec d'autres libéraux comme Forza Italia ? « Il y a des coalitions gauche et droite en Allemagne aussi, m'a répondu l'ex-élu, et puis... Avec la mondialisation, on ne peut plus voir l'économie avec les yeux du passé. » Il voulait dire, ai-je compris, que trop de libéralisme avait tué le libéralisme et ajoute : « De toute façon, nous n'avons pas réussi à faire avec Forza Italia ce que nous avons fait avec les 5 Étoiles. Forza Italia s'opposait au blocage des ports alors que les 5 Étoiles l'ont accepté. »

Le « blocage », cela consiste à refuser de laisser débarquer des naufragés sauvés en mer. C'est le fait d'armes de Salvini, l'inhumanité faite politique et un grand sujet de tensions avec les 5 Étoiles. C'est grâce à cela qu'il s'est imposé et que la Ligue est passée devant ses partenaires. Mes amis du jour n'en sont pas peu fiers. Quel mec, ce Salvini ! « Et comme il a bouclé sa gueule à votre Macron ! » ajoutaient leurs regards. J'ai choisi de ne pas entendre et de leur demander plutôt ce qu'ils souhaitaient faire de l'Europe. Faire comme les Britanniques ? Choisir d'en sortir ?

Non, ce n'était pas cela, pas du tout. Ils voulaient « une Europe des peuples et non pas des

États et des banques, une Europe qui légifère pour les citoyens ». Je ne comprenais plus. Ce qu'ils décrivaient était un État européen, une Europe fédérale... Non, ont-ils rectifié : « Une confédération, à la suisse. » À la suisse ?!!!! Oui, mais avec une différence : « Nous souhaitons que l'Italie ait sa monnaie car nous n'aimons pas que la Banque centrale européenne ait le dernier mot sur notre politique économique. »

Bon... Va donc pour une Confédération avec vingt-sept monnaies différentes mais, en attendant, à Strasbourg, avec qui allez-vous siéger ? Avec le Front national ? Moue générale : « On ne peut pas savoir. Trop tôt pour le dire. » Ce ne serait pas votre premier choix ? « Non, m'a répondu le retraité sans que personne ne le contredise : le FN est trop étatiste. » La conversation avait été beaucoup moins tendue qu'avec le jeune homme. Elle ne l'avait même pas été du tout mais, à défaut de m'avoir rendu parano, elle me laissait perplexe. J'avais le sentiment qu'il y avait bel et bien, contrairement à tout ce que j'avais entendu jusque-là, l'amorce d'une possibilité de convergence, voire de rapprochement, entre les 5 Étoiles et la Ligue.

Alors ?

Les premières années du fascisme italien ? Les SA avant qu'Hitler ne les fasse massacrer ? Non. Il faut voir et entendre et non pas chercher des précédents historiques puisqu'on est face à une réaction nouvelle devant un monde totalement neuf. Comme je m'étais demandé ce que l'ambassadeur Károlyi faisait avec Viktor Orbán, je me demandais ce que Paola faisait dans cette Ligue qui n'est plus du Nord. Il fallait vraiment que je lui dise qu'elle se trompait sur elle-même et nous sommes arrivés sur un troisième marché où j'ai rapporté à une jeune sénatrice de la Ligue ce que je venais d'entendre dans la bouche de ses camarades.

À la voir, elle aurait pu être maire socialiste d'une ville française ou députée verte au Bundestag. Mes aventures l'ont fait rire (« Je comprends que vous ne vous y retrouviez plus ! ») et elle m'a expliqué, directe et claire : « Il faut renégocier les conditions d'entrée dans la monnaie unique, les critères et tout ça, mais la conserver, bien sûr, et bien évidemment rester dans l'Union, tout en la changeant. »

Très bien, mais pour en faire quoi ? Je m'attendais à ce qu'elle patauge, je l'avoue, j'en étais sûr, mais pas du tout, pas le moins du monde ! « L'idéal, m'a-t-elle répondu avec la même certitude que ses amis du bistro branlant, ce serait le modèle helvétique avec les mêmes libertés pour les États membres que celles qu'ont conservées les cantons mais comme en Suisse, une économie, une défense, une monnaie et une diplomatie communes. » Un militant en pull-over bleu avait suivi la conversation et le tour qu'elle prenait ne lui convenait pas. S'adressant à sa sénatrice beaucoup plus qu'à moi et contenant mal sa colère, il a lancé : « Il est inacceptable que la France et l'Allemagne se comportent en patrons de l'Union et invraisemblable qu'un pays comme l'Italie doive soumettre son budget à Bruxelles. »

La sénatrice était embarrassée. Je finis par rompre le silence en objectant qu'il n'était pas si invraisemblable que des pays ayant la même monnaie aient aussi les mêmes règles budgétaires. Le pull-over bleu a fait « Non, non, non ! » de la tête et lourdement soupiré. Personne, ai-je ajouté, n'a obligé l'Italie à entrer dans l'euro. C'était votre décision... « Non ! C'était celle de Prodi, pas des Italiens ! » a-t-il répondu dans un murmure d'approbation générale. La sénatrice s'est jetée sur un couple d'électeurs d'un âge certain, les embrassant et les enlaçant si bien que j'aurais eu honte d'interrompre ces effusions. Mon périple était terminé. Je n'avais plus qu'à rentrer rédiger, déchiffrant des notes dans lesquelles je lisais, avec le recul, beaucoup plus de choses que ce que j'avais entendu sur le coup.

# Épilogue

J'étais parti en Europe centrale et j'ai trouvé le monde. Sur ces terres qui, trente ans après la chute du mur, refaisaient l'actualité en basculant à l'extrême droite, j'ai trouvé tout à la fois la Grande-Bretagne et la Chine, le Brésil, la France et la Russie, les États-Unis, l'Inde et la Turquie, la terre entière, en un mot, car la mondialisation est tout aussi politique qu'économique.

Derrière cette nostalgie des temps communistes qui s'exprime en Hongrie, j'ai retrouvé cet intense regret des certitudes passées que l'on entend en France, aux États-Unis ou en Grande-Bretagne car la peur de l'inconnu est aujourd'hui la chose la mieux partagée au monde. Si Donald Trump a été élu, si le Front national progresse et si les Britanniques de 2016 ont dit « oui » au Brexit, c'est qu'hier tout était sûr et que rien ne l'est plus. Jusqu'au tournant du siècle, l'hyperpuissance américaine, la largeur de la Manche et l'ampleur des luttes sociales en France avaient semblé aussi éternelles que le communisme l'avait été. Les Américains n'auraient jamais imaginé que la prédominance de leur pays soit mise en question par la Chine, les Britanniques que leur insularité soit menacée par les progrès de l'unité européenne et les Français qu'une inversion mondiale du rapport de forces entre le capital et le travail puisse réduire leur légendaire capacité à défendre leurs acquis sociaux.

Comprenons-nous bien. Rien, hier, nulle part, n'était parfait. Il avait fallu la répression de l'insurrection de Budapest et les réformes économiques de János Kádár pour que les Hongrois se résignent au communisme. Les Américains avaient connu la défaite au Vietnam et la bataille des droits civiques avait déchiré leur pays. Les Britanniques avaient perdu un empire avant de devoir attraper au vol, et à contrecœur, le train européen. Avec la guerre d'Algérie, les Français avaient frôlé la guerre civile et, comme tout le monde, dans les années cinquante et soixante, ils étaient autrement plus pauvres qu'aujourd'hui. Pour aucun de ces peuples, les Trente Glorieuses n'avaient été un paradis mais, même relatifs, les progrès sociaux étaient alors constants, les parents ne pensaient pas une seconde que leurs enfants vivraient moins bien qu'eux et puis...

Et puis la Chine a pris son envol, les grèves n'ont plus fait recette en France, les jeunesses d'Europe centrale ont envahi la Grande-Bretagne, le chômage et l'insécurité sont apparus en Hongrie et un rejet du présent et une peur de l'avenir se sont emparés de Washington, Paris, Londres et Budapest et chacun a entamé sa fuite éperdue vers le passé. Les Américains ont rejeté le libre-échange et leur rôle de gendarme du monde. Pour mieux se consacrer à leur bras de fer avec la Chine, ils se replient sur eux-mêmes tandis que tant de Français espèrent retrouver, eux, le plein-emploi en votant Le Pen, que tant de Britanniques ont cru renouer avec leur puissance d'hier en s'affranchissant de l'Union européenne et que tant de Hongrois ont serré les rangs derrière un homme, Viktor Orbán, qui pourfend le néo-libéralisme économique pour mieux défaire ces libertés qui sont l'apanage des démocraties libérales.

Cet illibéralisme dont le Premier ministre hongrois s'est fait le chantre, Vladimir Poutine l'avait inventé avant lui et quelle que soit sa forme, franche dictature ou autoritarisme électif, il prospère en Turquie, en Chine, aux Philippines, au Brésil et même aux États-Unis car lorsque Donald Trump dénonce la presse et la magistrature, la liberté de l'une, l'indépendance de l'autre, en les conspuant par ses tweets et les faisant huer dans ses meetings, il ne fait que mettre ses pas dans les pas de Viktor Orbán, Vladimir Poutine ou Recep Erdogan.

Ce nationalisme et ce désir de revenir sur l'Histoire avec lesquels la Hongrie avait renoué dès la fin des années quatre-vingt-dix sont aussi bien chinois que russe, japonais, américain, catalan, turc ou indien et seront, demain, français, allemand ou espagnol pour peu que l'extrême droite continue de progresser en Europe.

Nostalgie de la stabilité d'après-guerre, rejet de la démocratie libérale, replis nationalistes et retour de l'Histoire, j'arpentais l'Europe centrale mais je tombais à Vienne comme à Budapest, à Rome comme à Varsovie, sur l'Europe occidentale ou les États-Unis car, travaillé, apeuré, redessiné partout par les mêmes phénomènes, le monde est un.

Cet effacement des grands partis de gauche et de droite dont je voyais l'aboutissement en Italie est en cours dans toutes les démocraties où s'affirment, comme dans les pays émergents et en développement, des forces qui n'auraient pas eu droit de cité il y a encore peu, des forces ressurgies de temps révolus, nationalistes, xénophobes, totalement contraires aux consensus d'après-guerre et aussi ouvertement hostiles aux libertés qu'aux droits de l'homme.

Argentine, chilienne ou brésilienne, les dictatures étaient hier condamnées de tous, même hypocritement. Turque ou russe, saoudienne ou philippine, elles ne le sont plus guère aujourd'hui car lorsque les nouveaux César se réclament de l'intérêt national, se parent de vertus morales et dénoncent les valeurs démocratiques comme occidentales et non pas universelles, beaucoup les applaudissent pour la bonne raison que la volonté d'affirmation nationale et de revanche sur l'Occident se généralise. Jusque dans les grandes démocraties, beaucoup les approuvent et les donnent même en exemple car les Occidentaux, en Europe comme aux États-Unis, sont de plus en plus nombreux à penser « *America first* » ou « Ma nation d'abord », à ne plus se soucier de défendre la démocratie et même à lui tourner le dos parce qu'ils ne croient plus en elle.

Comme au XIX$^e$ siècle, comme dans les années trente aussi, il n'est plus inconcevable et plus du tout interdit de critiquer ou même rejeter la démocratie car les forces qui l'incarnaient perdent, aujourd'hui, pied. Démocrates et Républicains, démocratie chrétienne et social-démocratie, la gauche et la droite, celles d'hier en tout cas, sont partout en recul parce qu'elles n'ont plus les moyens d'imposer règles, lois et compromis sociaux à un argent qui peut s'en affranchir en allant s'investir où bon lui semble. Ni la gauche ni la droite ne peuvent aujourd'hui plus imposer grand-chose à un argent redevenu roi grâce à la réduction des distances et à la libre circulation des capitaux qui lui permettent de délocaliser les sièges sociaux et la production au gré de ses intérêts.

Le règne de l'argent est partout absolu car le pouvoir des États devient toujours plus relatif. Face à l'argent, les États frisent l'impuissance. Leur pression fiscale et leurs réglementations ne s'exercent plus, ou presque, que sur les entreprises artisanales, les classes moyennes et les exploitations agricoles qui ne peuvent pas se délocaliser. L'injustice est patente. Les déséquilibres économiques et sociaux qu'elle engendre le sont encore plus et partout monte et gronde ainsi une colère générale contre ces partis de gouvernement qui ne peuvent plus gouverner et, partant, contre les filiations politiques et la démocratie dont ils se réclament. Parce qu'un changement de majorité ne peut plus résoudre grand-chose, l'alternance n'est plus une espérance, on ne croit plus à rien et de moins en moins en la démocratie.

Alors, c'est « non ! », « non » à tout et toujours « non ». Comme les canuts lyonnais du XIXe siècle brisaient les machines à tisser qui les privaient de leur emploi, des pans entiers et toujours plus larges de pays toujours plus nombreux refusent tout changement par peur de « Bruxelles » et de l'islam, de la décadence européenne, de l'immigration latino-américaine ou de la baisse du niveau de vie, par ressentiment historique et crainte d'être victimes d'un nouveau monde perçu comme totalement menaçant.

On refuse tout approfondissement de l'Union européenne parce qu'on n'en comprend plus ni les objectifs ni le fonctionnement et qu'on voit en elle un cheval de Troie de la mondialisation. On refuse tout nouvel accord de libre-échange, fût-ce entre l'Union européenne et un pays aussi démocratique et régulé que le Canada. On refuse l'idée de répartition des réfugiés entre les pays de l'Union car elle doit sûrement faire partie d'un plan bruxellois de remplacement des mains-d'œuvre nationales par des affamés prêts à accepter les conditions de travail les plus inacceptables.

On refuse tout mais refuse toujours moins l'extrême droite car, contrairement aux partis traditionnels, elle surfe sur cette peur générale, l'alimente et promet de restaurer le monde d'hier, à l'abri de frontières nationales redressées et solidement murées.

La peur profite à l'extrême droite qui nourrit une peur de tout sur laquelle elle prospère.

Le cercle est vicieux et ce tranquille retour en force d'un socialisme national plongeant ses racines dans les années trente auquel on assiste en Autriche, on l'observe en Russie comme dans l'entourage de Donald Trump mais également, à des degrés divers, en Pologne et au Brésil, en Italie, en France ou en Allemagne.

Cette tentation de l'ordre moral, enfin, que l'on voit monter dans les droites centre-européennes avec l'effroi qu'y cause le mariage gay, on peut craindre qu'elle ne soit autrement plus forte et internationale que l'extension des droits de la femme et des homosexuels tant est naturelle la convergence des courants politiques les plus réactionnaires et des fondamentalistes de toutes les fois religieuses.

Alors, reprenons. Effacement des grands partis, hantise du déclassement, crainte du recul des protections sociales, toute-puissance de l'argent, crise de la démocratie et bouleversement des rapports de forces internationaux par émergence de nouvelles puissances, tout promet ainsi de nouvelles victoires à cette extrême droite qui a déjà pris les commandes dans tant de capitales.

Le changement est vertigineux car, même minoritaires, les démocraties bénéficiaient hier de la puissance des États-Unis et des pays de l'Union européenne alors qu'aujourd'hui, les puissances émergentes ne sont pas des démocraties, que la démocratie américaine est malmenée par M. Trump, que quatre des pays de l'Union ont déjà tourné le dos aux forces démocratiques et que l'extrême droite progresse dans les vingt-trois autres. Parti en Europe centrale, j'y ai trouvé le monde. On n'en revient pas indemne mais est-ce à dire que tout serait écrit, qu'il n'y aurait plus rien à faire, trop tard, pour parer une évolution devenue fatalité ?

À Rome comme à Budapest, à Vienne comme à Varsovie, il m'est arrivé de le penser. Il y eut des soirs de ce périple où j'en étais à me demander vers quels rivages je devais emmener les miens avant que les murs ne m'en empêchent mais, devant le danger, le devoir n'est pas de fuir mais de se battre, de combattre, en l'occurrence, ce déluge d'approximations, de mensonges et d'idioties qui alimentent la peur, nourrissent l'obscurantisme, confortent l'extrême droite et mènent au pire.

Alors, ça suffit !

On ne peut d'abord plus laisser dire ou continuer à croire que les vingt-sept pays de l'Union, France en tête, seraient un enfer. Nulle part ailleurs que dans cet ensemble de nations privilégiées, l'enseignement et la santé ne sont mieux pris en charge, l'université aussi peu coûteuse ou gratuite, les libertés aussi bien respectées et la démocratie aussi réelle puisque le poids de l'argent y est infiniment moins déterminant qu'aux États-Unis dans la vie politique et les campagnes électorales. Il y a oui, bien sûr, beaucoup trop d'injustices dans les pays de l'Union. Des hôpitaux trop éloignés, des bâtiments scolaires dégradés ou mal chauffés, des gens et même des enfants dormant dans la rue, des trains de banlieue qui ne mériteraient que d'aller à la casse, la grande pauvreté de bien trop de familles, cela existe.

C'est une réalité. Elle est d'autant plus intolérable que nous sommes bien assez riches pour ne pas avoir à nous y résigner mais, outre qu'elle ne tient pas à l'unité européenne mais aux politiques nationales, il suffit d'aller en Chine ou aux États-Unis, au Proche-Orient, en Russie ou, bien sûr, en Afrique pour mesurer ce qu'est l'exception européenne et le bonheur d'être citoyen des vingt-sept.

Il faut le dire et, même, le marteler, non pas pour oublier les injustices auxquelles nous devons remédier mais parce que ce bonheur, il faut le préserver et que ce n'est pas en ordre dispersé que nous y parviendrons. C'est, hier, grâce au Marché

commun, celui du traité de Rome, que la croissance des Trente Glorieuses avait été si forte.
C'est grâce à la solidarité entre États membres
que les pays sortant du fascisme avaient pu si
vite rattraper leur retard. C'est aujourd'hui grâce
à ces mêmes fonds structurels que les pays sortant du communisme prennent leur envol, et à un
tel rythme. Le Marché unique rend nos échanges
aussi libres et peu coûteux qu'au sein d'un seul et
même pays. L'euro préserve ceux qui l'ont adopté
des incertitudes liées aux dévaluations, déprécia-
tions et appréciations des monnaies de leurs prin-
cipaux partenaires commerciaux.

Notre unité nous a tous tellement renforcés
que même les plus souverainistes des électeurs
veulent rarement sortir de l'Union et de la monnaie unique, que les Grecs ne l'ont pas voulu
malgré la potion que leur a infligée le reste des
Européens, que les Britanniques n'ont eu aucune
raison de se féliciter du Brexit et que même les
extrêmes droites parlent désormais plus de
changer l'Union que de la quitter. C'est tout particulièrement vrai des extrêmes droites au pouvoir
à Vienne, Budapest, Rome et Varsovie et, même
lorsque le Parlement européen a infligé un blâme
à Viktor Orbán, je n'ai entendu aucun de ses partisans prôner cette carte. Aucun pays d'Europe
centrale, me disait au contraire son entourage,
ne pourrait même penser à sortir de l'Union et
pour les vingt-sept, tous sans exception, les bénéfices de l'appartenance à ce club seront encore
plus grands demain qu'ils ne l'ont été jusqu'à
aujourd'hui.

Même un Viktor Orbán appelle à la constitution d'une défense européenne parce que les

États-Unis se retirent d'Europe et qu'aucun État européen, pas même l'Allemagne, pas même la France, ne peut assurer à lui seul le coût de sa protection. L'un des plus grands changements du changement d'époque est que nous devons, nous Européens, unir nos armées pour pouvoir nous protéger par nous-mêmes et cela implique que nous marchions vers une Europe politique car il n'y a pas de défense commune sans politique étrangère commune, sans une commune vision du monde extérieur et sans un exécutif commun, fût-ce dans les seuls domaines les plus importants.

Il faut bien évidemment envisager – vaste programme... – tout ce qui peut et doit être changé dans l'Union pour améliorer son fonctionnement, mais il faut, avant tout, la faire avancer et non pas reculer, demander aux extrêmes droites de cesser de vitupérer pour enfin proposer et faire remarquer à ces militants et élus de la Ligue que j'ai rencontrés sur les marchés de Turin qu'on ne peut pas, non, désolé, s'inspirer du modèle helvétique et avoir vingt-sept monnaies différentes.

L'Europe honteuse, l'Europe timide, l'Europe par la bande, ça suffit !

Nous avons, à l'Ouest, un allié qui nous lâche, à l'Est, un voisin qui ne rêve que de revanchisme sur une défaite qu'il s'est infligée seul et, au Sud, le boom démographique de l'Afrique et les sanglants chaos des mondes arabes, turc et perse. Nous n'avons que des défis à relever et de nouvelles révolutions industrielles à ne pas rater aussi pitoyablement que celle de l'informatique, et il faudrait s'excuser de vouloir resserrer nos rangs ? Ne pas dire qu'il nous faut, bien sûr, une puissance publique de taille continentale, des investissements communs et donc des impôts et un budget communs ?

Ces gros mots il faut, au contraire, les prononcer et il est temps, pour cela, de dire les choses, quitte à faire hurler, heurter ou choquer. À Mme Le Pen qui avait si longtemps expliqué qu'on ne pouvait que sortir de l'Union car on ne pouvait rien y changer et qui veut maintenant y rester au motif que l'extrême droite européenne aurait pris assez de poids pour tout changer, il faut dire qu'elle niait hier que les politiques de l'Union ne dépendent pas de ce qu'elle serait mais des majorités qui s'y affirment, qu'elle le reconnaît aujourd'hui et qu'elle avait donc soit menti soit fait montre de bien peu d'intelligence des réalités.

À tous ces europhobes et eurofrileux qui plaident l'Europe des nations, il est temps de dire qu'elle existe puisque l'unanimité est toujours requise dans des domaines aussi fondamentaux que la fiscalité et que toutes les décisions se prennent au Conseil européen, la Chambre des États qui réunit les vingt-sept dirigeants nationaux. La Commission ne décide pas. « Bruxelles », comme ils disent, ne fait qu'appliquer ce que décident les dirigeants que nous élisons dans nos pays respectifs et c'est à eux, et non pas à des « technocrates non élus », que nous avons ainsi à demander des comptes sur les politiques européennes.

Alors non, l'Europe des nations n'est pas la solution. Elle est le problème car, si nous n'avançons que trop lentement et si l'Union a tant de peine à finir par imposer les Gafa et harmoniser ses politiques sociales et fiscales, c'est qu'une majorité même qualifiée n'y suffit pas et qu'un seul État peut tout bloquer au nom de ses seuls intérêts. Alors non, messieurs Orbán et consorts, ne nous dites plus que vous voulez tout changer alors même que ce que vous proposez est de renforcer ce qui ne marche pas.

À ces gouvernements de pays membres qui refusent d'assumer les devoirs découlant du droit d'asile et violent les traités en s'asseyant sur les valeurs démocratiques qui nous sont communes, il est vraiment temps de faire comprendre que la solidarité ne peut pas être à sens unique et que les fonds structurels dont ils bénéficient peuvent également être bloqués.

À ces citoyens européens, élus et journalistes compris, qui se plaignent de la complexité des institutions européennes et persistent à dire « Bruxelles », il est temps de rappeler qu'ils ont tous appris à lire et qu'il leur suffirait de cliquer sur un moteur de recherche pour comprendre qu'à côté du Conseil, c'est-à-dire de la Chambre des nations, il y a le Parlement, qui est la Chambre de l'Union, et que la Commission et ses fonctionnaires appliquent, proposent mais, non, ne décident pas.

Si l'on comprend qu'il y a aux États-Unis un Sénat pour représenter les États et une Chambre pour représenter les trois cent vingt-sept millions d'Américains, pourquoi serait-il plus dur de comprendre la différence entre le Conseil et le Parlement européens, de constater que la Chambre des États a bien plus de pouvoir, en Europe, que la Chambre de l'Union qui en a trop peu, que ce déséquilibre est le propre de toutes les fédérations mais qu'il est encore trop grand dans l'Union, beaucoup trop grand ?

À tous ces Européens qui se plaignent, à juste titre, de l'impuissance européenne et se demandent s'il ne vaudrait pas mieux, dans ces conditions, renoncer à l'unité, il est temps de dire, premièrement, que ce n'est pas avec la désunion que nous lutterons contre le réchauffement climatique ou stopperons l'immigration de masse en contribuant au développement de l'Afrique et, deuxièmement, que les plus grands coupables de cette impuissance sont tous ces mauvais bergers, extrêmes droites aujourd'hui, gaullistes et communistes hier, hautes fonctions publiques nationales de tout temps, qui ont toujours tout fait pour que les États membres conservent l'essentiel de leurs pouvoirs et empêchent l'Union de s'affirmer en puissance politique.

À tous ces sceptiques qui, même à regret, ne croient pas qu'on puisse réunir dans un même ensemble tant de nations qui ont chacune leur langue et leur Histoire, il est temps de rappeler que les unités italienne et allemande n'ont pas deux siècles ; que c'est la volonté de ses monarques – une utopie politique – qui a constitué la France et qu'il y a plus de différence entre Lille, Marseille, Toulouse et Strasbourg qu'entre les Hauts-de-France et le Benelux, qu'entre l'Allemagne et la Scandinavie ou encore, je viens de le découvrir à Varsovie, qu'entre les Pays-Bas et la Pologne.

Nous semblons différents mais ne sommes que divers et le test de l'avion est là pour le confirmer. Prenez un vol entre Helsinki et Palerme et vous ne vous poserez pas dans un autre monde. Décollez maintenant d'une ville d'Europe, quelle qu'elle soit, pour atterrir aux États-Unis, en Afrique, en Asie ou en Amérique latine, et vous passerez d'une planète à l'autre.

À tous ces Européens surtout, brillants économistes compris, qui s'insurgent contre les critères de Maastricht, il est temps de rappeler que si ces plafonds de dépenses ont quelque chose d'artificiel et absurde, il n'en reste pas moins qu'un déficit budgétaire ne dépassant pas 3 % du produit intérieur brut et une dette publique limitée à 60 % de ce même PIB, ce n'est pas déraisonnable. Il n'y a pas là d'excès de rigueur. Il y en a d'autant moins que la Commission, avec l'approbation de tous les gouvernements, même des moins laxistes, a toujours su appliquer ces règles avec souplesse et patience, comme on l'a souvent vu avec la France et vient de le voir avec l'Italie.

Le problème n'est pas que les gouvernements de la zone euro se soient fixé des règles budgétaires communes mais que l'introduction de la monnaie unique n'a toujours pas été accompagnée d'une harmonisation des politiques économiques. Là, l'Union marche sur la tête. C'est là qu'est l'aberration économique, mais qui en est responsable ? Certainement pas les « technocrates non élus ». Certainement pas non plus les partisans les plus convaincus de l'unité européenne, mais tous ces europhobes qui hurlent à la violation des souverainetés nationales à chaque tentative d'avancée nouvelle, inhibent toute volonté des gouvernements nationaux d'approfondir l'unité européenne et confortent, au bout du compte, le règne de l'argent.

Oui, confortent le règne de l'argent.

C'est le point fondamental, le lièvre à lever, le plus grave des mensonges à déconstruire puisque, contrairement à ce qu'ils disent, les souverainistes ne sont pas les alliés du travail contre le capital. Ils sont, au contraire, les alliés du capital contre le travail car, tant qu'il n'y aura pas de puissance publique européenne pour opposer à l'argent les règles et la volonté politique de quelque cinq cents millions d'Européens, l'actuel rapport de forces ne changera pas et le capital restera plus fort que les États nations. Si l'on veut rééquilibrer les choses, mesdames et messieurs les souverainistes, si l'on veut mettre terme au règne de l'argent et redonner l'avantage au bras armé de la démocratie qu'est l'État, il faut ne plus entraver la marche vers une Europe politique mais l'accélérer.

Et puis il n'est, enfin, plus temps d'attendre pour balayer ces fadaises renaissantes et mortifères sur les Lumières, car tout ce qui a suivi le XVIIIᵉ siècle n'en est pas issu, et notamment pas Hitler et Staline. J'en demande pardon au recteur de l'université Corvinus, mais il est aussi aberrant de le penser qu'il le serait d'établir une filiation intellectuelle entre Diderot et Gengis Kan, Montesquieu et César, Attila et le Christ, au motif que les premiers ont suivi les seconds dans l'Histoire de l'Humanité.

On voit bien l'idée. Un croyant peut soutenir que dès lors que l'homme s'affranchit de Dieu et veut prendre en main son destin, la violence des passions et la tentative de recréation du monde par l'utopie de quelques-uns peuvent conduire aux plus sanglants des chaos. Même pour un incroyant il y a une part de vérité dans les dangers de l'utopie, mais que l'on sache, les massacres, les destructions, le génocide des Indiens d'Amérique, les abominations des Croisés, la violence de l'extension romaine ou des conquêtes arabes n'ont pas suivi les Lumières mais les ont précédées. Que l'on sache, on réduisait des hommes en esclavage, brûlait des sorcières et des Juifs et asservissait des peuples entiers bien avant que le projet même de l'*Encyclopédie* n'ait été conçu. Les racines des totalitarismes du xxᵉ siècle ne sont pas à chercher, non, trois fois non, chez Voltaire, Rousseau ou Diderot, et la signification de ce grand retour de Joseph de Maistre et de la dénonciation des Lumières n'est que trop claire.

Le national-conservatisme qui s'affirme aujourd'hui dans le renouveau mondial des extrêmes droites et des fondamentalismes religieux veut en revenir aux temps de la résignation sociale, de l'absolutisme politique et de la promesse de la justice et du bonheur dans l'au-delà – à cette soumission du plus grand nombre et cette négation de la Raison qui avaient précédé les Lumières. Le rejet de la démocratie libérale n'est rien d'autre qu'une apologie de l'alliance du sabre et du goupillon, de l'Église et du souverain, de cet obscurantisme en un mot qui marque tant de points dans l'offensive lancée contre la séparation des pouvoirs et la liberté de la presse.

Ce qui est frontalement attaqué est ce « droit inaliénable à la recherche du bonheur » que les Américains avaient inscrit dans leur Déclaration d'indépendance, c'est l'universalité des droits de l'homme et l'idée que les hommes, membres de « la famille humaine » et sans distinction d'aucune sorte, « naissent libres et égaux en droits ».

L'attaque est multiple. Elle est si puissante qu'aucune des démocraties européennes ne pourrait, à elle seule, y faire durablement face et c'est donc bec et ongles qu'il faut défendre l'unité européenne, celle des démocraties.

Peut-être, sans doute, objectera-t-on, mais n'est-il pas trop tard ?

La réponse est qu'il y a beaucoup de raisons de le craindre.

Peut-être est-il trop tard puisque les deux forces, démocrate-chrétienne et sociale-démocrate, qui avaient construit l'Union s'affaiblissent toujours plus, puisque le nationalisme des extrêmes droites les portera toujours à donner la priorité aux intérêts nationaux du moment sur les intérêts communs des long et moyen termes, puisque les opinions veulent des solutions immédiates, même illusoires, alors que l'unité requiert la longue et permanente recherche de compromis.

Il y a le feu, mais a-t-on jamais vu les pompiers faire demi-tour au motif que les flammes ont déjà pris les premiers étages ?

Est-ce parce que la bataille est difficile et la victoire incertaine qu'il faudrait déclarer forfait ?

Beaucoup le pensent, forcément. Certains le disent, avec désespoir mais le disent, mais laissons ces résignés à leur résignation car la cause, non, n'est pas perdue, pour cinq raisons au moins.

La première, tous les sondages le montrent, est que les Européens sont assez lucides pour ne pas vouloir la fin de l'Union. La deuxième est que les institutions des grandes démocraties demeurent solides, aux États-Unis comme dans l'Union européenne, et peuvent encore opposer le respect du droit et la force de la loi à M. Trump comme à MM. Orbán et Kaczyński. La troisième est que, sauf au Brésil, l'extrême droite reste au-dessous de la barre des 50 % et que, même en Italie où les 5 Étoiles ressortissent d'autres catégories politiques que la Ligue, l'extrême droite ne doit sa prépondérance qu'au désarroi et à la dispersion des forces démocratiques.

Unis, les démocrates peuvent toujours contrarier la progression du national-conservatisme et lui barrer la route, à la seule condition qu'ils sachent hiérarchiser leurs différences, définir des priorités, faire front sur le climat, l'unité européenne et le respect de l'État de droit et reporter leurs nécessaires compétitions d'idées à des jours meilleurs.

C'est la quatrième raison de ne pas s'abandonner au fatalisme et la cinquième est que les nationaux-conservateurs ne sont pas plus à l'abri de l'impatience et du dégagisme ambiants que de l'intelligence des peuples et du cours des choses. L'assassinat du maire de Gdańsk a ouvert beaucoup d'yeux en Pologne où les prochaines législatives ne sont pas perdues d'avance. La complaisance avec laquelle Viktor Orbán sert les intérêts de l'argent a fait descendre beaucoup de Hongrois dans la rue. Les Britanniques ont maintenant réalisé que le débat sur le Brexit ne s'était ouvert qu'après le référendum et non pas avant. Les tensions entre la Ligue et les 5 Étoiles ne se réduisent pas et M. Orbán et ses semblables n'ont, en un mot, pas déjà gagné, pas déjà donné naissance au « changement d'époque » dont ils rêvent.

Je ne reviens pas rassuré d'Europe centrale mais rien n'est déjà perdu. C'est ce dont je me suis convaincu au terme de ce premier périple d'un tour du monde qui me mènera bientôt, je l'espère, vers l'Iran, autre empire défunt qui se souvient de sa grandeur passée, celle de la Perse. Rendez-vous donc, sous dix mois, pour de nouvelles aventures en un siècle inconnu.

# Remerciements

Aucune enquête ne se fait sans l'aide de « sachants », comme disait Jean Lacouture, d'apporteurs d'éclairages et d'idées d'angles et de contacts. Outre ceux qui sont cités dans ces pages, je veux donc remercier ici les ambassadeurs de France à Budapest, Varsovie, Vienne et Rome, Pascale Andréani, Pierre Lévy, François Saint-Paul et Christian Masset ainsi qu'Hélène Bienvenu, Barbara Coudenhove-Kalergi, Giuliano Ferrara, Gáldi Éva, Blaise Gauquelin, Jacopo Iacoboni, Éric Joszef, Konrád György, Jolanta et Jarek Kurski, Florence La Bruyère, Annie et Georg Lennkh, Corentin Léotard, Krzysztof Pomian, Bacha et Wojciech Pszoniak, Enrica Scalfari, Susanne Scholl, Krzysztof Śliwiński, Jan Smolenski et, bien sûr, Mustafa Soykurt pour lequel ma reconnaissance est double.

# Table

**J'AI LU**

———

12855

Composition
PCA

*Achevé d'imprimer en Slovaquie
par* NOVOPRINT SLK
*le 5 janvier 2020*

Dépôt légal : février 2020
EAN 9782290220740
L21EPLN002676N001

ÉDITIONS J'AI LU
87, quai Panhard-et-Levassor, 75013 Paris

Diffusion France et étranger : Flammarion